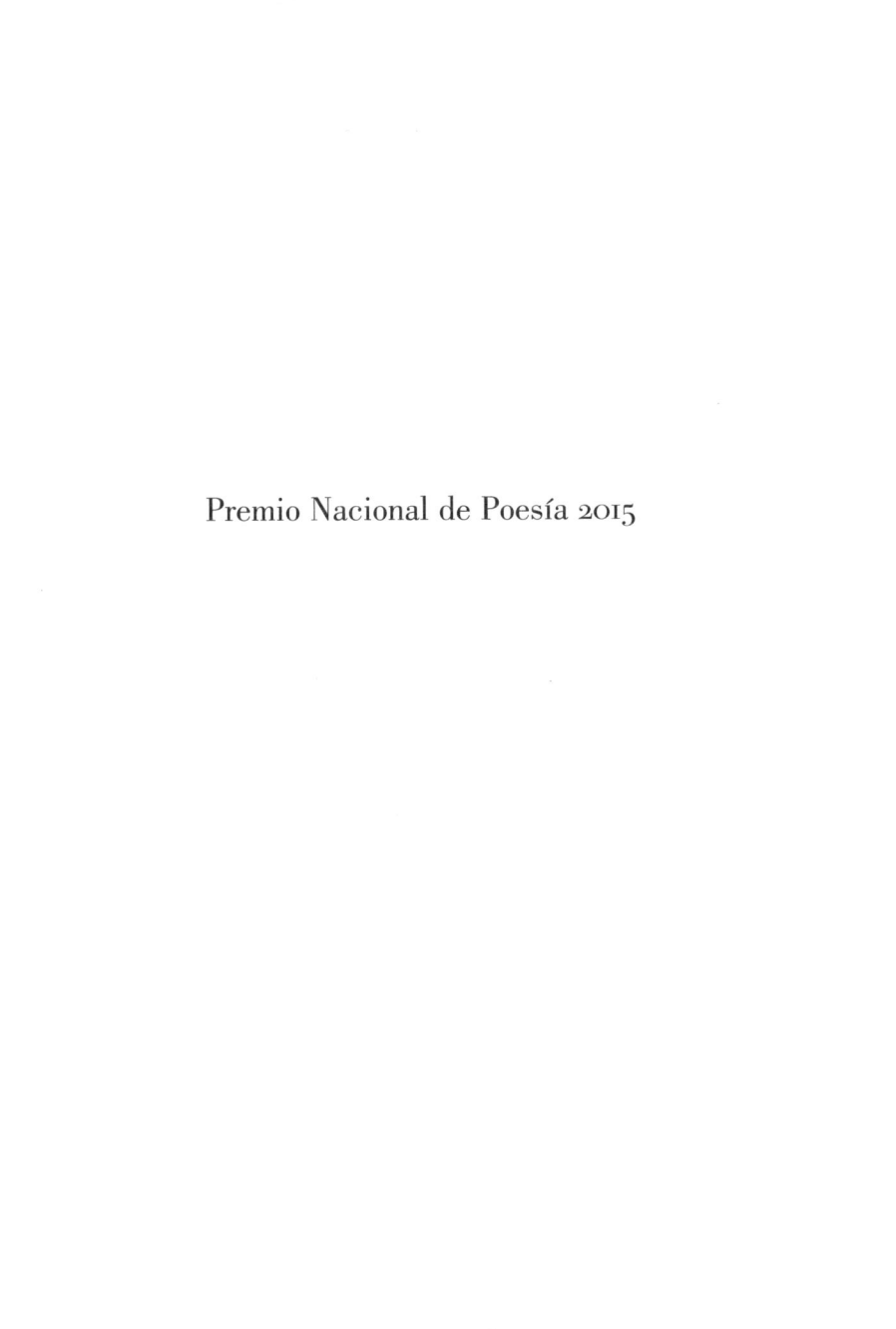

Premio Nacional de Poesía 2015

12
LA BIBLIOTECA DE LUIS ALBERTO DE CUENCA

100
LOS VERSOS DE CORDELIA

Cuaderno de Vacaciones
(2009-2012)

Primera edición en LOS VERSOS DE CORDELIA, mayo de 2025

Edita: Reino de Cordelia
www.reinodecordelia.es
✖ 🄾 @reinodecordelia 🅕 facebook.com/reinodecordelia
▶ www.youtube.com/c/ReinodeCordelia01

Derechos exclusivos de esta edición en lengua española
© Reino de Cordelia, S.L.
C/Agustín de Betancourt, 25 - 6º pta. 13
28003 Madrid

El papel utilizado para la impresión de este libro, fabricado a partir de madera procedente de bosques
y plantaciones sostenibles, es cien por cien libre de cloro y está calificado como papel reciclable

© Luis Alberto de Cuenca y Prado, 2014, 2025

Edición crítica y prólogo de © Daniel Migueláñez, 2025
Ilustración de cubierta: © Miguel Ángel Martín, 2025

IBIC: DCF | Thema: DCF
ISBN: 979-13-87599-06-5
Depósito legal: M-9096-2025

Diseño y maquetación: Jesús Egido
Corrección de pruebas: María Robledano

Imprime: Técnica Digital Press
Impreso en la Unión Europea
Printed in E. U.
Encuadernación: Felipe Méndez

Cuaderno de Vacaciones
(2009-2012)

Luis Alberto de Cuenca

Edición crítica, introducción y notas
de Daniel Migueláñez

Índice

Introducción

Suena la sirena: hacia una escritura gozosa

Todos recordamos con deleitosa emoción ese momento previo a la última sirena que daba comienzo al período vacacional veraniego, cuando un huracán de estuches y cuadernos volaban con estrépito para aterrizar rápidamente en la mochila, solapándose en la despedida del pobre maestro que aún no había tenido tiempo de concluir la materia. Comenzaban esas tardes de banco y pipas, los reencuentros en el pueblo —el que tenía—, con sus amores volátiles y sus baños en las charcas, las mañanas despreocupadas (triunfantes) en la piscina local, las lecturas adolescentes, las madrugadas al fresco y esos ratos —quizá tras el desayuno, quizá aprovechando esa inútil suspensión del tiempo en la tarde que los adultos llamaban siesta— en que los cuadernillos ocupaban nuestras manos y nuestra memoria en un reto estudiantil, ahora que podíamos elegir cuándo y cómo coger el lápiz. *Cuaderno de vacaciones*, que le valió a Luis Alberto de Cuenca (Madrid, 1950) la concesión del Premio Nacional de Poesía en el año 2015, nos devuelve a esa luminosa sensación de disfrute.

Luis Alberto de Cuenca es a día de hoy uno de los poetas más celebrados por los lectores y elogiados por la crítica. La actualidad y frescura de su

verso se aplaude por su claridad expresiva, no exenta de referencias cul-
turalistas, donde modernidad y clasicismo se estrechan, como en ningún
otro poeta, fraternalmente la mano. En su universo poético se entretejen
desde la más alta erudición hasta las referencias más pop, las alusiones di-
rectas al folclore popular y una clara vocación comunicativa, amena, sencilla
—que no simple—, socarrona en ocasiones y emotiva en otras tantas, con
un respeto riguroso por las cadencias rítmicas y las estructuras versales ca-
nónicas.

Formado en la Universidad Autónoma de Madrid, discípulo de Antonio
Fontán y Manuel Fernández-Galiano, los primeros versos del joven Luis
Alberto de Cuenca aparecieron en 1971 en la antología *Espejo del amor y de
la muerte* de Antonio Prieto. Después de unos inicios cercanos a la erudición,
al oscurantismo e influenciado por los fulgores novísimos, nuestro poeta se
da a conocer con el llamado «tríptico de tinieblas» o «ciclo funeral» (Ponce
Cárdenas, 2017) de *Los retratos* (1971), *Elsinore* (1972) y *Scholia* (1978)[1], con
su simbolismo parnasiano y la posterior gavilla de *Necrofilia* (1983)[2], en la
vocación por romper con la poesía social y el intimismo exacerbado de los

---

[1] En el silencio poético comprendido entre la publicación de *Elsinore* (1972) y *Scholia* (1978), Luis
Alberto de Cuenca se dedicaría a completar su formación en filología clásica, defendiendo su
tesina sobre los epigramas de Calímaco en 1973, que sacaría a la luz posteriormente en los nú-
meros 71-77 de la revista *Estudios Clásicos* y que acabaría por publicar en formato libro para la
editorial Gredos en el año 1980. Son los años de un Luis Alberto inmerso también en la publi-
cación del homenaje caballeresco *Floresta española de varia caballería* (1975), en la redacción
de su tesis doctoral sobre el poeta heleno Euforión de Calcis (1976) y en el ensayo publicado
por Planeta *La necesidad del mito* (1976).
[2] En este caso, el vacío poético entre *Scholia* (1978) y la *plaquette* de *Necrofilia* (19783) obedece,
según Facundo Giménez (2022: 62-64), no solo a la tarea filológica de nuestro autor por aquellos
años, sino al latir del momento sociopolítico, al ensimismamiento de la generación poética, al
desencanto y abandono de las generaciones inmediatamente posteriores, que han perdido el
horizonte utópico y la vocación rupturista ante los coletazos de la posmodernidad. *Scholia* sirvió,
así, de bisagra entre el culturalismo iniciático y una nueva manera, más desenvuelta, de ver el
mundo, sin renunciar a las formas clásicas.

años sesenta. Posteriormente, Luis Alberto de Cuenca decantó su verso, que venía de un buscado hermetismo[3], hacia lo popular, con una asombrante claridad expresiva no exenta de sabiduría y humanismo, que acabó por configurar el espíritu lírico de su *línea clara*, término comiquero franco-belga tan bien reflejado por los dibujos de Hergé en las aventuras del joven Tintín o los *Blake & Mortimer* de Edgar P. Jacobs. Y como *ut pictura poiesis*, esa claridad simbólica, transparente en el mejor sentido del término, alejó el barroquismo de los versos, introduciendo lo urbano en su lírica[4], soplando en su ventana el aire de la calle y cerrando la estructura de las composiciones, que tendieron hacia lo narrativo, especialmente a partir del celebradísimo *La caja de plata* (1985), que nacería bajo los últimos coletazos del heterogéneo, popular y espontáneo movimiento contracultural que fue la Movida madrileña, de donde provendrá su conocida alianza como letrista con Gurruchaga y la Orquesta Mondragón.

Será, como decimos, en *La caja de plata* (Premio de la Crítica en 1986), donde se empiecen a hacer notar las dos grandes claves de su nueva poética: la mencionada búsqueda por contar historias, por narrar desde el cauce poemático, y la importancia de los moldes líricos tradicionales. Habría que añadir una tercera, tan bien vista en su tiempo por su camarada de trincheras poéticas Julio Martínez Mesanza (1990: 9): la de alejar la estridencia y «con-

---

[3] Véase el prólogo de Suárez Martínez (2015a: 9-15) a la edición de *Los retratos* en esta misma colección.

[4] En el compendio de poéticas del vate madrileño aglutinadas por Olay Valdés y Núñez Díaz (*Sobre mi poesía. 1971-2018*) encontramos muchos testimonios sobre esta irrupción fresca y callejera en la lírica cuenquista, que se da la mano con la más alta cultura; por poner algún ejemplo: «Mi poesía es urbana [...], como tienen que ser las cosas que a uno le importan de verdad en el mundo. Mi poesía me la trae la brisa que de vez en cuando sopla en mi calle, junto a olores antiguos más o menos prohibidos, canciones olvidadas y deseos por realizar. Mi poesía es figurativa. Mi poesía se entiende. Mi poesía busca moldes métricos y es, casi siempre, epigramática» (Cuenca, 2020a: 89).

cebir la posición del poeta entre la realidad y lo fingido», de tal suerte que el lenguaje poético y el lenguaje utilitario estrecharían lazos irresolublemente, ingresando el escenario callejero en los decorados poéticos cuenquistas. Esta nueva etapa quedaría marcada, apunta Javier Letrán, por algunos *topoi* recurrentes, una predilección por la pasión, apareciendo el amor como tema capital, un gusto evidente por el isosilabismo en la métrica y un culturalismo inspirador —ya no como razón primera— que apunta a cierto «clasicismo posmoderno» (Letrán, 2008: 33). Este libro supondría una inflexión decisiva en la poesía de Luis Alberto de Cuenca, consolidando la retórica, los temas, los personajes y el tono empleado en su poesía posterior, con el epigrama heleno —por aquello de la *brevitas et argutia*— y la trova provenzal como indiscutibles puntales líricos.

Después de las fantasías de *El otro sueño* (1987), «distanciamiento máximo de la estética culturalista» (Suárez Martínez, 2019: 8) y poemario íntimamente hermanado en su concepción estilística y temática con *La caja de plata*[5], agavillará nuevos poemas en *El hacha y la rosa* (1993) —con un Luis Alberto más tierno y emotivo (Sáez, 2020a: 14)—, llegará a la introspección en *Por fuertes y fronteras* (1996), poemario descarnado y sufrido (Olay, 2021: 17; Letrán, 2008: 37), que prolongará su desolación en *Sin miedo ni esperanza* (2002)[6], para caer poco a poco en la serenidad vitalista de *La vida en llamas* (2006). Tras este coherente viaje, la poesía cuenquista tenderá a lo reflexivo con *El reino blanco* (2010) —de este mismo año es la bellísima rareza *La mujer y el*

---

[5] Ambos libros obedecen a una estética tan común que el poeta ya ha planteado en alguna ocasión su voluntad de publicarlos juntos «unidos bajo un mismo rótulo» (Cuenca en Morante, 2003: 95).
[6] La etapa comprendida entre la publicación de *Por fuertes y fronteras* en el año 1996 y *Sin miedo ni esperanza* en 2002 resulta clave para entender la biografía de Luis Alberto de Cuenca: son años difíciles en lo personal, pues se une la separación con Julia Barella y la muerte de su madre, al tiempo que irrumpe en el panorama político dirigiendo la Biblioteca Nacional de España (1996-2000) y posteriormente asumiendo el cargo de secretario general de Cultura (2000-2004).

vampiro, publicada por Rey Lear— hasta llegar al poemario que nos ocupa, *Cuaderno de vacaciones* (2014), que tendrá en *Bloc de otoño* (2018) su prolongación más inmediata (amén de la libresca similitud de los títulos[7]) concluyendo en los dos últimos poemarios hasta la fecha de nuestro poeta: *Después del paraíso* (2021) y el galardonado con el XXXIII Premio de Poesía Jaime Gil de Biedma *El secreto del mago* (2023).

El trazo de la línea clara quedará firmemente consolidado tras *Por fuertes y fronteras*, distanciándose, en buena medida, de otros marbetes y adhesiones que intentaron colocarle por aquí y por allá, al fragor de otras corrientes imperantes con las que la poesía luisalbertiana no se siente del todo identificada, especialmente con la llamada «poesía de la experiencia», con la que sí que comparte algunos puntos de su poética, siendo el más palpable la voluntad comunicativa y la legibilidad, pero que se aleja a mi modo de ver en el grueso de la vocación poética de la voz del sujeto lírico, amén de las diferencias más que palpables en los modelos retóricos. *Línea clara*, sería, en cualquier caso, todo aquello que es leído por el propio Luis Alberto de Cuenca bajo esa óptica, siendo un término que conviene alejar de los baúles polvorientos de la crítica literaria y acercarlo más al subjetivismo lector. La clave radicaría en considerar la cultura sin barreras entre el elitismo y la masa, donde clasicismo y pop se den la mano, en una —original, natural y nada impuesta— voluntad posmoderna de transgresión.

---

[7] En la «Nota del autor» a *Bloc de otoño*, leemos: «a mí aquellos blocs de antaño me resultan entrañables y me gusta evocarlos en el título de mi libro. Además, ya utilicé un sinónimo de bloc, "cuaderno", en el rótulo de mi libro anterior, y no quería repetirme» (Cuenca, 2018a: 15). Las similitudes formales y temáticas entre *Bloc* y *Cuaderno* son bastante evidentes: división por secciones, preferencia por el orden cronológico frente al temático —exceptuando los veranos prolíficos, especialmente el de 2012— y exaltación de la línea clara en los temas predilectos de nuestro autor: el amor, el tiempo, los sueños, la literatura y el arte…

De esta manera, y siguiendo las tesis de Javier Letrán (2008: 53), podremos contemplar tres períodos fundamentales en la poesía cuenquista: un iniciático «deslumbramiento esteticista» que se convierte en una segunda «explosión vitalista» (con *La caja de plata* como faro) y una etapa de madurez poética donde sobresale un «clasicismo escéptico». A partir de *El reino blanco* (2010) podemos hablar de la entrada en un ciclo *de senectute* (Sáez, 2022; Virtanen, 2024) —como nuestro mejor Lope—, en donde los universales como la muerte o el paso del tiempo toman especial protagonismo.

El reino blanco (2010), *Cuaderno de vacaciones* (2014) y *Bloc de otoño* (2018) podrían leerse como un tríptico con semejanzas, donde la línea clara se va haciendo, en palabras del poeta, «cada vez más oscura» (en Rodríguez Marcos, 2015). Oscura, añado, no en su comprensión, sino en su recogimiento. Olay Valdés (2017: 17) sigue estas afirmaciones al considerar un binomio común *El reino blanco* (2010) y *Cuaderno de vacaciones* (2014), pues nos ofrecen un poso más grave, más profundo, e incluso metafísico.

En resumidas cuentas, podemos contemplar dos grandes bloques poéticos en nuestro autor; un primer inicio culturalista, plagado de referencias eruditas, con un oscuro halo surrealista en buena parte de las composiciones y otro más vívido, colorista y callejero, pero entendiendo ambas maneras de hacer como vasos comunicantes y no tanto como compartimentos estancos.

Los versos que nos ocupan consolidan algunas características fundamentales de la poesía luisalbertiana, a saber: la mencionada predilección por el metro medido, especialmente por el isosilabismo (endecasílabos y alejandrinos en su mayoría), la voluntad narrativa, la intertextualidad y las referencias literarias, artísticas, cinematográficas —culturales, en suma— cruzadas como signo original, el binomio formado por el coloquialismo y la erudición como un todo armónico, el evidente humorismo y el vuelo irónico en buena parte de las composiciones, amén de la biografía como caldo de cultivo poético[8]. Además, se aprecia una desaparición progresiva de lo urbano en esta etapa última, mucho más figurativa.

La unión de la alta y baja cultura —cajones de sastre algo ambiguos— ha creado esa particular cosmovisión —o *Weltanschauung*, si nos ponemos estupendos— en la poesía transculturalista, tan popular como erudita, de Luis Alberto de Cuenca, donde se han ido dando la mano Ovidio con Shrek, Hulka con Guillermo de Aquitania, Shakespeare y *Star Wars*, Lope con Flash Gordon, Bocángel con Tintín, Borges con *Game of Thrones* o Virgilio con John Wayne, porque «evidentemente, hay que mezclar Homero con Spiderman» (Cuenca en Ortega, 2015). Abramos el cuaderno.

LA APARICIÓN DE UN LIBRO: BREVE HISTORIA

Cuaderno de vacaciones le valió a Luis Alberto de Cuenca, como decíamos al inicio, la concesión del Premio Nacional de Poesía. El jurado del mismo afirmó[9]:

---

[8] Vida y obra en Luis Alberto —con sus juguetes fantásticos— van siempre de la mano, mal que le pese a los estructuralistas. El propio poeta nos dice que los hay que eliminan lo contextual del poema, «postulando un regreso al texto y a sus claves internas que no tenga en cuenta en absoluto el cuándo y dónde fue escrito ese texto, por quién y para quién, e incluso contra quién, temas todos ellos que a mí me parecen, tanto o más que los propios textos, el meollo de la escritura» (Cuenca, 2013a: 10). La voz lírica del poema «Edgar Allan Poe», dentro de este poemario, llevará la contraria a su autor al afirmar: «Pero en literatura nos tiene sin cuidado / lo que no sea texto, y poco importa / que su autor sea un santo o un demonio, / un politoxicómano o un ángel» (vv. 6-9). Pero ese es nuestro poeta, un cóctel de contradicciones. A mí, particularmente, no me interesa el supuesto autobiografismo de algunos poemas de Luis Alberto; porque como buen poeta —como somos los actores— es (*deo gratias*) un gran mentiroso. Su franqueza poética siempre es un disfraz formal, confuso y juguetón.

[9] El jurado estuvo compuesto por el autor galardonado en 2014, Antonio Hernández Ramírez; Aurora Egido Martínez por la Real Academia Española; Fina Casalderrey por la Real Academia Gallega; Miren Billelabeitia Bengoa por la Real Academia de la Lengua Vasca; Margarida Ca-

Constituye una de las aportaciones poéticas de mayor motivación existencial y simbólica en la historia de la lírica reciente en España. La excelencia de su estilo, unida a la voz de la autenticidad en el espacio literario, convierten los poemas de este libro en una progresión cuya fuerza emocional roza lo sublime, logrando una poética que vincula mitos y orígenes, conocimiento y escritura, devenir vital e imaginario, junto a las fuentes creativas que dan cauce a la modernidad (Fallo del jurado, 28/IX/2015).

El libro apareció en el panorama editorial en el año 2014 compuesto por ochenta y cinco poemas escritos, en mayor medida, en las épocas estivales de los años 2009 a 2012, siendo el último año el más prolífico. Nos encontramos, así, ante uno de aquellos cuadernillos disfrutones de la infancia veraniega, donde hasta los temas más serios se ven desde la óptica del reposo, con las cadencias propias de los largos días de asueto. Es por ello, según él mismo confiesa en la «Nota al autor», que su escritura es:

gozosa, vacacional, ausente de todo tipo de preocupaciones laborales y académicas, su fusión decidida con el ocio, que es, a la postre, el padre de todos los vicios, y todo el mundo sabe que la poesía es un vicio, y de los más entrañables y deliciosos (Cuenca, 2014a: 15).

sacuberta i Rocarols por el Instituto de Estudios Catalanes; Ángel Luis Luján Atienza por la Conferencia de Rectores de las Universidades Españolas (CRUE); Rafael Soler Medem por la Asociación Colegial de Escritores de España (ACE); Enrique Baena Peña por la Asociación Española de Críticos Literarios; Mariano Guindal por la Federación de Asociaciones de Periodistas de España (FAPE); Rosa María Aradra por el Centro de Estudios de Género de la UNED; y Pureza Canelo por el Ministerio de Educación, Cultura y Deporte. Actuó como presidenta la subdirectora general de Promoción del Libro, la Lectura y las Letras Españolas, Mónica Fernández.

Pero no nos llevemos a engaño, bajo esa apariencia de divertimento estival, los temas de siempre —el amor y la muerte a la cabeza—, con su acostumbrado aroma desenfadado, encierran la hondura genuina del mejor verso de Luis Alberto: es, con su admirado Borges, otro Luis Alberto, el mismo. Este libro nos lleva de nuevo al alumbrar adolescente, ese tiempo de primeras escrituras —aquí ya maduradas— «cuando se emborronan las primeras cuartillas con gusanitos de soledad y de desamor, o con caligrafías de esoterismos varios» (Cuenca, 2012: 157). Y por ello, siguiendo la variedad temática que ya encontrábamos en *El reino blanco*, encontraremos en *Cuaderno de vacaciones* una miscelánea poética amplia, con los sueños, la muerte, la infancia y el amor vistos desde los ojos de un poeta que ya mira hacia atrás pero que no pierde el paso firme hacia el futuro.

El libro contiene la cotidiana ficción de toda la poesía luisalbertiana, plagada de homenajes literarios, caracterizada por un verso luminoso y lleno de trasparencia y optimismo en donde despunta en ocasiones un estoicismo melancólico, irónico en ocasiones, elegante pero cercano, con fuerte presencia de la memoria y con el acostumbrado cuidado rítmico y estructural (Lanz, 2019a: 178). Y es que una de las grandes virtudes de la poesía cuenquista es su rigor formal, su búsqueda por la perfección métrica al calor de nuestros clásicos, donde se deja poco espacio al azaroso verso libre —si es que existe tal cosa—, pues hasta las líneas más irregulares en apariencia siguen un criterio estilístico tremendamente medido. La búsqueda por la estructura compacta encierra en cada verso una medida disposición silábica, tanto en el gusto epigramático como en las composiciones no estróficas. De esta manera, llamará la atención al lector la predilección de nuestro autor por el endecasílabo y alejandrino blanco. Alguna de las estrofas más queridas por nuestro autor, como el *haiku* o el soneto —seis en total en este poemario— volverán a tener su sitio en *Cuaderno de vacaciones*, como se verá. De esta manera, la *téchne* luisalbertiana, por usar su término dilecto, pasa por ese oído poético y ese *algo que decir* alambicado en las formas clásicas, tendente a la glosa y el epigrama.

Ya hemos hecho hincapié en el balanceo constante que el poeta realiza desde la biblioteca a la calle, compartiendo estancia, en el propio universo del poema, desde los estratos lingüísticos más altos hasta el habla popular del barrio. Esta aparente disparidad, tan enriquecedora del discurso lírico, convierte en única la voz poética de Luis Alberto de Cuenca. En este sentido, podremos encontrar en *Cuaderno de vacaciones* algunos giros coloquiales mezclados con arcaísmos, buscados juegos metafóricos, aliteraciones y rimas internas y una exuberante panoplia de recursos retóricos y líricos. A su vez, es habitual en los poemas de Luis Alberto que las citas se incorporen en los versos de una manera natural, sin marcas, cursivas ni entrecomillados, interiorizadas en el propio universo del texto y convirtiéndose en parte del entramado intertextual de homenajes y lecturas en donde el que se asome a sus versos debe acudir a su memoria literaria —y en muchas ocasiones a su erudición— para rastrear las señas de dichas referencias e hipotextos.

Entrando en materia. Ocho son las partes que configuran el libro, agrupando los poemas en orden cronológico —novedad hasta la fecha, llegada para quedarse—, y tomando para cada bloque el título de alguno de los poemas que lo integra, como venía haciendo habitualmente. Esta hermética organización no es tal, pues pronto se verá la variedad y trasvase de temas y tonos entre los propios apartados, amén de su diálogo con otras artes, con otros autores y con el propio universo lírico del autor. Equivocaría, así, al lector si pretendiese dar cuenta de la falsa homogeneidad temática de las secciones, cuya división, como apuntaba, y como sucedía con el poemario anterior *(El reino blanco)* sin ir más lejos, obedece a otras cuestiones temporales. Tenemos que tener en cuenta, a la hora de abordar este *Cua-*

derno de vacaciones, que tanto este poemario, como la totalidad de la producción poética cuenquista, carece de la unidad temática o argumental de otros poetas coetáneos; a nuestro autor no le interesa la escritura del poemario unitario, cercano a la fábula novelísitica, sino que organiza, al tiempo, la gavilla de poemas escritos para la configuración del libro final. Este *usus scribendi* quedaría resumido, en palabras de Sáez, en «escribir primero con su poco de inspiración repentina, dar versiones anticipadas en diversos lugares y mimar una organización posterior, que suele buscar un orden» (Sáez, 2020: 17-18). De esta manera, podremos encontrar temas, gustos y constantes compartidas en el universo general del libro, pero nunca un viaje argumental.

Permítaseme que señale un par de puntales que luego no trataré en el resumen poemático. Se ha señalado que este libro supone la alianza más potente entre ética y estética, con «una honda y melancólica mirada sobre el mundo que esta vez casi no trata de ocultar tras de ninguna máscara» (León, 2016: 37-38), de tal suerte que la dimensión moral de la poesía luisalbertiana cobra una profundidad explícita, tomando indiscutiblemente el primer plano en el tono de las composiciones. De esta manera, encontrará el lector poemas de raigambre moral, como «Canción de opósitos», una bella lamentación sobre la necesidad de elegir en la vida, con la imposibilidad de la plenitud; «Inspirado en Faulkner», donde un fragmento del discurso del escritor norteamericano sirve de premisa para definir su actitud ante el mundo y el arte; «Las paradojas de Satán», que canta los opósitos que subyacen en el camino vital, en una suerte de Jekyll y Hyde de la existencia; o «Runas», que cae de nuevo en el trasfondo mítico y ancestral[10].

---

[10] Estos poemas de *Cuaderno de vacaciones*, por su dimensión catártica, conmovedora y espiritual, fueron tomados para formar parte de la antología *Abre todas las puertas* (2016) que recogía los poemas morales de nuestro autor, reflejando que «no es, desde luego, un moralista al uso. Raras

Conviene apuntar otras constantes; en el poemario encontramos bastantes menciones al universo de la ciencia ficción que no deben pasar desapercibidas, pues, tal y como señala Xaime Martínez (2018: 159-160), apuntalan el gusto fictocientífico de nuestro autor donde, a fin de cuentas, y con sus palabras, «desde el *Génesis* hasta Borges —pasando, claro está, por el realismo, el naturalismo, y todos los -ismos» no hay distinciones entre géneros y subgéneros literarios, sino que «la literatura es una y, por definición, fantástica» (Cuenca, 1996a: 273-274).

Otro tema importante que atraviesa nuestro *Cuaderno de vacaciones* es el mundo de lo onírico, con una fuerte presencia en poemas como «Ensueño céltico», «Sueño del reloj de bolsillo» y «Sueño del alba milagrosa», amén de otras menciones al reino de Morfeo. Esta constante nos llevaría directamente a la poética de la ensoñación de la que ha hablado Vélez-Sainz (2020) a propósito de *El otro sueño* (1978), ese que, en palabras del poeta, «te da las fuerzas necesarias para salvar la vida cuando los dedos húmedos resbalan en los bordes del precipicio» (Cuenca, 2020d: 45); un sueño productivo, creador de materia poemática, desde la feliz duermevela hasta la terrible pesadilla. Martínez Mesanza (1990: 9) advierte en este sentido cómo el poeta se vale del sueño no como abstracción confusa, sino como manera de ordenar la realidad a través de giros oníricos inesperados.

UN AMOR INDESTRUCTIBLE DESDE LA CAVERNA: RECORRIDO POEMÁTICO

A continuación, proponemos un breve viaje por los poemas que integran el libro, de tal suerte que, sin ánimo alguno de exhaustividad, podamos conducir al lector por el vasto universo cuenquista, así como iluminar

---

veces adopta, sin el juego o la ironía, ninguna postura de autoridad moral y huye de la solemnidad sobre todas las cosas» (León, 2016: 43).

algunos pasajes, clarificar ciertas referencias y proponer algunas lecturas.

Las secciones que integran el libro llevan los siguientes títulos: «Desde la caverna» (nueve poemas escritos en 2009), «Campo florido» (doce poemas de 2010), «¡Ah de la vida»!» (catorce poemas de 2011), «Me acuerdo de…» (ocho poemas de 2012), «Príncipes de la noche» (siete poemas de 2012), «La otra noche, después de la Movida» (once poemas de 2012), «Hero y Leandro» (nueve poemas de 2012) y «Amor indestructible» (quince poemas de 2012). Como se puede apreciar, de los ochenta y cinco poemas que integran el libro, cincuenta de ellos están escritos en el verano de 2012.

Mencionaremos en este repaso algunas notas sobre la prehistoria de parte de los poemas. Véanse, en este sentido, las apariciones en *Nueva Revista* a las que aludiré más adelante o las referencias a los poemas agavillados en la revista *Litoral*, que dedicó al poeta en el año 2013 un monográfico en su número 255, donde se publicaron algunos poemas («El falsificador de moneda y otros poemas») que aparecerían idénticos en este *Cuaderno de vacaciones*, a saber: «El falsificador de moneda», «Ingres», «Víctor Hugo», «Edgar Allan Poe», «Abril», «Yo no quiero ser rey», «Cuesta creerlo», «Basura genética» y «Martí y mi bisabuelo». También se recogerán algunos poemas inéditos hasta la fecha —que luego recalarán aquí— en la antología personal *Por las calles del tiempo* (Cuenca, 2011b): «Ensueño céltico», «Plegaria de la buena muerte», «Plegaria de la Diosa», «Tengo miedo», «La ciega y el lector», «Vuelve Guillermo de Aquitania» y «Desde la caverna».

La primera sección del libro, «Desde la caverna» (2009) —«Caverna perpetua» en orígenes— consolida el tono de la etapa de senectud y augura los temas que aparecerán en todo el volumen —lamentos desde el recuerdo, meditación religiosa, cercanía de la muerte, sentido de Dios, el mundo de los sueños…—, en un apartado con visos de miscelánea (Lanz, 2019a: 178).

Abre *Cuaderno de vacaciones* «El vestido nuevo», que entroncaría directamente con el poema que da título al libro *Sin miedo ni esperanza*, un canto al nuevo amor donde se repite el iniciático «Y», en el que aparece una vez más el vestido espectacular: «Y de repente vuelve del infierno / con un traje de noche impresionante» (vv. 1-2) y que alberga cierta relación con «La chica de verde» *de Por fuertes y fronteras*. En este primer poema de *Cuaderno de vacaciones*, el poeta se lamenta ante la prenda impresionante que nunca su amada se puso para él.

«Sin condiciones» nos evoca a otras imágenes de asedio amoroso similares, con especial parentesco con el célebre «Soneto del amor atómico» de *El otro sueño* o el «No sé cómo lo haces» de *Sin miedo ni esperanza*, donde leemos «me envías una nueva andanada de bombas» (v. 8). El «arquero zen» (v. 4) mencionado en «Sin condiciones» sirve de metáfora al poeta para hablar de la ausencia de fallo en el disparo de su amada, pues la práctica del tiro con arco zen desarrollada por el budismo se plantea como una indagación casi metafísica, cercana a la meditación hasta el *satori*, o «búsqueda de los límites de uno mismo». El *yo* lírico se lamenta del asedio sufrido, y se insta a sí mismo a levantar nuevos muros para resistir el embiste.

A Luis Alberto «le toca la fibra y el corazón la noble causa de la celtomanía» (Cuenca, 2020d: 68), por lo que no es de extrañar que encontremos en esta primera sección el poema de título «Ensueño céltico», donde el mundo onírico aterriza en un «nublado Más Allá» (v. 5)[11]. El poeta, recuperando el aroma del título del poemario (*Cuaderno de vacaciones*) nos confiesa estar recordando en su retiro estival «cegado por un sol mediterráneo» (v. 2) a los héroes y habitantes de ese mundo de sueños que sobrevuela Stonehenge, por el que pululan mágicamente druidas, hadas, los protagonistas

---

[11] Ver Bampi y Sáez, 2023.

de los ciclos artúricos y que llegan hasta *Las brujas* de Dahl (v. 7); habitantes que son capaces de hablarnos de las «cosas del otro lado del espejo» (v. 33), lo que implica, en palabras de nuestro poeta, «aterrizar al otro lado de las cosas y adquirir una perspectiva ultraterrena desde la que otear el mundo en toda su complejidad y en toda su grandeza» (Cuenca, 2020e: 56).

La «Plegaria de la buena muerte» se muestra como un poema meditativo de corte espiritual o directamente religioso[12], que entremezcla una imprecación al Cielo —cristiano— en la espera de un buen partir, con elementos de la mitología griega y la literatura fantástica como la saga *The chronichles of Corum* de Michael Moorcock, donde el poeta pide un deceso en paz (Giménez, 2022: 167). Se trata de un poema con aire desenfadado, pero con un respeto continuo a la fe de sus mayores, comprometido con el recuerdo de la infancia (Díez de Revenga, 2018: 62). Parece elevar al cielo una súplica a Dios para pedir un apacible paso al otro lado del espejo, donde el *yo* poético se muestra en cierta manera irónico al respecto de su fe religiosa (Núñez, 2018: 225), pues al mismo tiempo exclama, en una actitud nihilista: «aunque no existas / ¿existo acaso yo?» (vv. 15-16).

Completando la dupla de rogativas, sigue la «Plegaria de la Diosa»[13], hermoso poema dedicado a la Virgen. En la tirada de alejandrinos blancos iniciales —con referencias intertextuales al «Diálogo entre Babieca y Rocinante» que inserta Cervantes en el prólogo del *Quijote*, y a Manuel Machado evocando los versos al retrato de «Felipe IV» en *Alma* (1902)— el

---

[12] Véanse las reflexiones en torno al universo religioso en la poesía de Luis Alberto de Cuenca realizadas por Sáez, 2020c.

[13] Las alusiones a la Diosa Blanca son comunes en el imaginario cuenquista, la más cercana al poema que nos ocupa la encontramos en «Búscala» de *El reino blanco* (2010). Esta deidad, estudiada por Robert Graves en su *The White Goddess. A Historical Grammar of Poetic Myth* (1948), se perfila aquí como una diosa vinculada con la luna y las mareas, cercana a la mitología clásica y céltica, que el poeta extiende en su caracterización de la Virgen María.

poeta confiesa su vuelta a la poesía espiritual y religiosa, cuyas lecturas han propiciado la creación del poema, con un tono muy similar al anterior, pero cuya petición no se basa en la búsqueda de un *buen morir* sino que el *yo* lírico solicita a la Gran Madre haga brotar «el árbol puro de nuestra esperanza / con el soplo divino de tu aliento» (vv. 21-22). La figura femenina parece resumir la identidad de la mujer idealizada, al tiempo que es madre y fecundidad, «madre y sexo al mismo tiempo» (Magro, 2024: 166).

La siguiente galería de serventesios homenaje a Pablo Neruda, «Tengo miedo», regresa al tono gótico tan del gusto cuenquista, con cierto aroma a *El Estudiante de Salamanca*, de Espronceda, con una voz poética aterrorizada ante la posibilidad del regreso de su amada muerta que le lleve a la tumba «convirtiéndome en víctima de un pavoroso rito» (v. 20).

«La ciega y el lector» parte de la lectura de la obra de Daniel Defoe —conocido por su célebre *Robinson Crusoe* (1719)— *Fortunas y adversidades de Moll Flanders* (1722), para acabar por pedir a la figura amada (aquí invertidos los géneros) frene la lectura en voz alta de la obra y salga a la calle a vivir una vida más allá de los libros, poniendo voz al relato de lo que sucede allende las páginas. Realidad y ficción se mezclan en este poema cuya máxima «Una noche en la calle / vale más que cien libros» (vv. 5-6) nos recuerda la necesidad de salir de las polvorientas bibliotecas y lanzarnos a la aventura del vivir real, con reminiscencias a la historia de Paolo y Francesca en el canto V de la *Divina Comedia*.

«Vuelve Guillermo de Aquitania» retoma el interés de nuestro autor por la trova provenzal desde los primeros testimonios, en su participación en la antología *Espejo del amor y de la muerte* de Antonio Prieto (1971), hasta poemas como el *haiku* «Jaufré Rudel», «Sobre un poema de Berran de Born» (de *El hacha y la rosa*) o «*Farai un vers de dreyt nien*» (*Sin miedo ni esperanza*). De hecho, las canciones completas de Rudel y Poitiers fueron editadas por Luis Alberto y Miguel Ángel Elvira en 1978, año de la publicación de *Scholia* y en plena exaltación novísima. Guillermo IX de Aquitania (1071-1127), considerado por Luis Alberto como el primer poeta moderno (Cuenca, 2021e: 129), se hermana con el vate madrileño en estos nueve versos endecasílabos, compartiendo con el trovador la necesidad de escribir sobre todo y sobre nada —como el «Con todo y sobre todo» que encontraremos en el posterior *Bloc de otoño*—, sintiéndose cercanos en el tiempo, compartiendo soledades y derrotas.

El poema que da título a la sección, «Desde la caverna», escrito el 30 de agosto de 2009 y publicado en la revista *Tropelías* en 2014 con el título «Caverna perpetua» (Cuenca, 2014b: 199), vuelve al tema de la insalvable soledad que acecha al hombre, acudiendo al mito de la caverna platónica, en donde el *yo* lírico queda sumido en la prisión de sus recuerdos. La vida humana se presenta aquí como una condena permanente a seguir siempre las sombras que se reflejan en nuestra caverna.

«Campo florido» (2010) es una sección que cambia el tono general de la primera parte del poemario, iluminando unos versos de corte modernista. Así, la tirada de eneasílabos que componen «Él y yo» evocan una imposible relación amorosa, casi onírica, donde la referencia final a *Cantar de Valtario* del siglo X[14] nos recuerda a los amores propios de los cantares de gesta medievales. Sobre el *Cantar* afirma el poeta una sentencia que bien nos podría valer para su propio poema: «La fluidez mágica del relato atrae y deleita a cualquier lector, con tal que se interese por la aventura. Y la atmósfera irreal que envuelve los hechos narrados en el poema hace de su lectura una fantástica experiencia» (Cuenca, 2021g: 11).

---

[14] Recordemos que la traducción del latín de esta obra le valió a nuestro poeta la concesión del Premio Nacional de Traducción en el año 1987.

«Soy como el junco que se dobla pero siempre sigue en pie», nos cantaba el Dúo Dinámico en su eterno «Resistiré» (1988); algo similar nos regala Luis Alberto de Cuenca en sus «Juncos heroicos», en donde, tras una primera estrofa paisajística, que coloca al lector en un río orillado de juncos cuyo fondo de piedras blancas queda iluminado por la luz de la luna, nos dice:

Cada junco es una metáfora
del héroe que llevamos dentro,
del paladín de los humildes
que no tiembla ante los malvados (vv. 5-8).

Es habitual en la producción de nuestro autor la inclusión de *haikus* desde su aparición marginal en *Elsinore* y especialmente con los «Ocho haikus asonantados» incluidos en *Sin miedo ni esperanza*, aquí reducidos a una única composición —pensemos, por ejemplo, en la relevancia que tenía la forma en poemarios como *La vida en llamas*, a modo de «perfecto eje de simetría» (Fernández y Monzó, 2023: 21). Los *haikus* luisalbertianos muestran la misma factura formal narrativa y los mismos intereses temáticos que el resto de su lírica, estrechándose la mano la cotidianeidad desenfadada y el homenaje a los clásicos, sobrevolando cierto halo oculto y acercándose en otras ocasiones hacia el rigor paisajístico y el elogio de la naturaleza, propio de la estrofa japonesa. Los «Cinco haikus» incluidos en *Cuaderno de vacaciones* han de leerse, así, como un único poema, que nos suena casi a seguidilla. Estarían incluidos en el contorno poético que, según Ricardo Virtanen (2019: 11) usa Luis Alberto de Cuenca para abordar temas misteriosos o de cierta profundidad metafísica.

El poema que da título a la sección («Campo florido») juega con varias referencias culturalistas, desde el verso José Martí —«En un campo florido»— hasta la *Blomstrvalla Saga* noruega (*Historia del Campo Florido*) o el «campo / del que nadie vuelve» del acto III de *Hamlet*, junto a otras alusiones intertextuales como las tesis de Heráclito sobre la guerra o la referencia clara a las *Píticas* de Píndaro, que reaparecerá en «Amor indestructible». El poema en cuestión se nos presenta a modo de ensoñación bélica, de invitación a un más allá donde los héroes luchan *ad infinitum* a cambio de la gloria eterna. Siguiendo la prehistoria del poema, sabemos que debió de acabar de escribirse en Briech (Marruecos) el 10 de agosto de 2010, gracias a su publicación como parte de los «Tres poemas magrebíes» que sacó *Nueva Revista* (Cuenca, 2010b: 6).

«Canción de opósitos» entronca directamente con su «Contra la "Canciones de opósitos"» de *El otro sueño* (1987), como una suerte de diálogo con uno mismo en el que el poeta acaba concluyendo que toda disyuntiva es al final una muestra de que somos «Dios y Diablo, todo al mismo tiempo» (v. 16). Si ya Heráclito asomaba en el poema anterior, aquí se hace inevitable volver a él en su gusto por las estructuras circulares y las enumeraciones de contrarios.

Los nueve endecasílabos que componen «La última perífrasis» —también como parte del tríptico magrebí (Cuenca, 2010: 7)— juegan irónicamente con una vida llena de rodeos insustanciales, aunque hermosos en sus apariencias, con el ambiente orientalista de su redacción en Marruecos, que suplen la falta de cariño y que cierran con la imposibilidad «de fijar tu silueta en un poema» (v. 9).

«Moisés» concluye la triada de poemas marruecos publicados por Luis Alberto en 2010 (6-7) y consolida la presencia de la Biblia —aquí con trasfondo alegórico— en esta etapa poética; emparenta la proyección amorosa con los riesgos del profeta niño sobre las aguas del Nilo o ya adulto huyendo de la persecución egipcia (Núñez Díaz, 2018: 225). Los últimos versos del poema, los que aluden a esa huida cruzando el mar Rojo,

Cruza el río conmigo. Aunque sus aguas
no replieguen su cauce ante nosotros
esta vez. Aunque Dios no nos asista
y una nube de flechas acribille
nuestras espaldas. Aunque no haya río (vv. 7-11),

nos recuerdan al brillante cierre del poema de «Abre todas las puertas»
(*Sin miedo ni esperanza*): «no lo dudes, hermano: abre todas las puertas /
Aunque nada haya dentro» (vv. 17-18).

El misterioso caso de Syles (1920), primera novela de Agatha Christie (*opus
primum*), sirve a nuestro poeta como premisa poética de su «Acotación al de-
senlace del *opus primum* de Agatha Christie», llevando la contraria a la es-
critora cuando afirma por boca de su célebre detective Hercule Poirot que
«Un hombre enamorado / es un *show* lamentable, un espectáculo / patético,
un paisaje lastimoso» (vv. 11-13), siguiendo la habitual discrepancia de nuestro
autor con algunos escritores del canon; un procedimiento, el de la *recusatio*,
que parte aquí de la experiencia amorosa del poeta.

«Están clavadas dos cruces» alude directamente al bolero de Carmelo
Larrea «Dos cruces» (1952), y nos transporta, aunque con sustrato amoroso,
a la imagen de Jesús en el Calvario (Núñez Díaz, 2018: 224). El poema tiene
un parentesco claro con el *haiku* de nuestro autor «Yo, de mayor, / quiero
ser el Calvario / de tu pasión», donde lo sacro transmuta en amatorio. Como
el propio Luis Alberto señala, «la palabra "Calvario" está teñida de sangre
y de muerte, pero de una sangre necesaria y de una muerte imprescindible»
(Cuenca, 2020e: 32). Fe y amor se dan la mano en este soneto perfecto en
su factura: las cruces de la fe y la esperanza envejecen —quizá de muerte
teológica— en un primer cuarteto que pasa a preguntarse por la presencia
del amor en la ecuación, para acabar con unos versos conclusivos, melan-

cólicos y desesperanzadores que vaticinan un mañana oscuro y sin afec-
tos.

Sigue aromando este tono taciturno, amén de las referencias bíblicas
(«¿Te clavaré una lanza en el costado?» v. 2), el poema «Ansiedad, angustia,
desesperación», siguiente soneto de la sección, también con trasfondo bo-
lerístico —«Toda una vida» (1943) de Osvaldo Farrés—, donde el sujeto poé-
tico habla directamente a una alegórica Desesperación que le tiene sumido
en una terrible crisis de ansiedad. Continuando con esta línea apesadum-
brada, el poema «Memoria de tus ojos al despertar» fusiona los grandes
temas (el amor y la muerte) retando líricamente a la Parca, la cual nunca
podrá —por mucho que le arrebate de la memoria el recuerdo de los besos,
las risas y los afectos— hacerle olvidar los ojos de la figura amada en el des-
pertar matutino.

Es de sobra conocida la pasión de Luis Alberto de Cuenca por el mundo
de los no-muertos. En «Vampirismo» vuelve a sobrevolar el voluble mundo
de Morfeo, sin saber muy bien si la realidad y el sueño están confundidos;
el protagonista evoca la visión tenebrosa de una vampira sobre su cuerpo:
«y tuve miedo, y encendí la luz / y vi unas marcas rojas en mi cuello» (vv.
9-10). Recordemos que este fervor vampírico aparece desde los primeros
poemarios culturalistas, para acabar abandonando la imagen clásica de Bela
Lugosi, que aparecía claramente en el «Rumbo a Londres, el conde Drácula
resucita un pasado sentimental» de *Scholia*[15], y acercarlo al ciclo de Hammer,
con Christopher Lee como referente, así como al *Drácula* (1992) de Coppola
o el celtíbero de Paul Naschy (Bagué, 2018: 37). En varias ocasiones nuestro
poeta ha mostrado su pasión por el mundo vampírico, del que le atrae:

---

[15] Trufa la inspiración de sus versos, evocando la tercera composición poética de *Scholia*, monólogo
en boca del propio Drácula (Cuenca, 2017a: 281), «la bellísima película que Tod Browning realizó
sobre la novela de Stoker en 1931» (Cuenca en Ponce Cárdenas, 2017: 107).

Todo. La sangre es vida. Los no-muertos se alimentan de sangre para representar esa parodia de la eternidad que es el vampirismo. Me fascina el tema vampírico. Y, desde luego, prefiero al engominado Lugosi o al depredador Lee que a ese zíngaro estúpido y sensiblero que se sacó de la manga Coppola en su detestable película, en la que cometía la osadía de incluir en su título el sacrosanto nombre de Stoker (en Taján, 2013: 29).

El entusiasmo de Luis Alberto por la poesía de la Edad de Oro —con Lope a la cabeza (Rey Hazas, 2013: 119; Sánchez Jiménez, 2018)— se atestigua en la sección titulada «¡Ah de la vida!» (2011), donde recupera el célebre soneto de Quevedo —enarbolando la bandera del *tempus fugit*— para regalarnos una gavilla de poemas sosegados, «con ribetes nihilistas» (Virtanen, 2024: 125), serenos, con clara vocación estoica y elegíaca, donde las pasiones se atisban desde la baranda de la madurez lírica, recorrido ya un buen trecho del camino.

Abre la sección el poema «Mis viajes por el tiempo», que retoma un tema predilecto en la poética luisalbertiana: el paso del tiempo y el refugio de la literatura, y que toma especial protagonismo en *Sin miedo ni esperanza*, en secciones como «Por las calles del tiempo» (Sánchez Jiménez, 2021: 47-48). Se afirma en el texto la voluntad del poeta de viajar al pasado —como el viajero que H. G. Wells enviara con *La máquina del tiempo* (1895) a la tierra de los hedonistas *eloi* y los oscuros *morlocks* que habitaban su subsuelo— para visitar Bizancio en la era de Justiniano o escurrirse entre los muros de Villa Diodati en la noche en que nació el *Frankenstein* de Mary Shelley o *El vampiro* de Polidori. El poeta nos recuerda, en suma, que si se pierde entre las calles del tiempo pueden buscarle entre esos dos férreos puntales que articulan su vida: la historia y la literatura.

«Días de vino y fuego» nos evoca directamente a los *Días de vino y rosas* (1962), el célebre filme de Blake Edwards. Un poema delicioso en la descripción de la pasión amorosa, que se toma el mismo tiempo en su recreo que se toman los amantes en su gozo.

El sustrato amoroso regresa también en el poema «Matilde Urbach», donde emerge de nuevo la materia trovadoresca. Se trata de una revisitación borgiana («Yo que tantos hombres he sido, no he sido nunca aquel en cuyo abrazo desfallecía Matilde Urbach», leemos en el poema «Le regret d'Héraclite» en *El hacedor*, de 1960) que pasa por una traducción y reescritura del trovador francés del siglo XII Giraut de Bornelh (o copia del hipotético Gaspar Camerarius) donde se anuncia victorioso el amor. Dos son las voces que se dan cita en este poema: la primera pide a Dios la vuelta de su amigo, que se encuentra entre los brazos de Matilde Urbach, antes de que llegue el mañana —siempre la alondra asesina de noches de pasión— y se vea sorprendido por el celoso amante. Es inútil, responderá el compañero, porque nada podrá separarle de los brazos de su amada. El juguete nos recuerda a los cantos propios de las albadas clásicas, con «Reis glorios, verais lums e clartatz» como referente inmediato y bien camuflado (Sáez, 2018b: 115-116).

«Inspirado en Faulkner» se enmarca en el contexto del discurso del Premio Nobel en el año 1949 y se nos muestra como una suerte de defensa de la línea clara. Ricardo Virtanen lo ha descrito como un «decálogo de la esencia poética, enfocado desde una caracterización moral» (Virtanen, 2024: 36).

Sigue a estos versos «Confesión general», donde asistimos —levantados los techos de la intrahistoria de una pareja— a la última discusión de dos amantes que tras una larga letanía de reproches terminan por abandonar su relación amorosa para mantenerse eternos en el recuerdo: «y supieron que no envejecerían / juntos, y que estarían siempre solos, / y que nunca podrían olvidarse» (vv. 22-24). El poema incluye una referencia a *La caída de la casa Usher* (1839) de su admirado Edgar Allan Poe (que reaparecerá en líneas siguientes como título de poema), como espacio de oscuridad que alfombra la discusión de pareja.

A continuación encontramos el díptico onírico «Sueño del reloj de bolsillo» y «Sueño del alba milagrosa». El primero se enmarca en ese clima pesadillesco, y forma parte del gusto del poeta por las conversaciones con el otro *yo*, por la dualidad humana, aquí de raíz fantástica, con menciones a H. G. Wells, Borges, Stoker, Conan Doyle o Lewis Carroll, que repetirá —con evidente bifrontismo—, en «Las paradojas de Satán», en donde el bien y el mal se muestran como caras de la misma moneda. Este gusto por los contrarios, al calor de las trovas provenzales, ya había aparecido en la «Canción de opósitos». El segundo poema onírico, «Sueño del alba milagrosa», vuelve a las mencionadas canciones de albada, pero difiere de la evocación borgiana en que aquí no hay canto amoroso sino terrible insomnio que se transmuta en sueño profundo con la llegada de la mañana. El poema, además, recupera una cita del acto II (escena IV) de la obra predilecta de nuestro poeta, el *Macbeth* de Shakespeare[16]: «No hay noche, por terrible y por larga que sea, / que no se encuentre al fin con el día» (vv. 26-27). Se ha señalado oportunamente que la noche y la oscuridad, vinculada en los poemarios anteriores principalmente al erotismo y la vida canallesca de las ciudades, toma aquí otro empaque, acercándose gradualmente a las brumas del sueño y a la metáfora de la muerte (Giménez, 2022: 173), y que tiene mucho que ver con la imagen del ocaso autumnal que se imprimirá posteriormente en *Bloc de otoño* (2018).

El poema que da título a la sección, «¡Ah de la vida!», inspirado en el «Represéntase la brevedad de lo que se vive y cuán nada parece lo que se

---

[16] La edición bilingüe de la obra, preparada por Luis Alberto de Cuenca y José Fernández Bueno, y editada por Reino de Cordelia en el año 2015, fue galardonada con el primer premio al Libro Mejor Editado del Año por el Ministerio de Cultura.

vivió», se lamenta de la experiencia vital para acabar con un irónico y esperanzador elogio de la misma, al apenarse por estar cerca de la muerte. Sobre el asunto, ya dijo casi todo Sáez (2019b: 265) en su análisis sobre la huella de Quevedo en la obra de nuestro vate: «el poema cuenquista disimula la impronta de Quevedo porque descarta el giro conceptista y todo el artificio de ingenio verbal para quedarse con el trasfondo apesadumbrado, que se traduce en una visión desencantada del futuro y la vida», muy en la línea de la sección en la que se incluye. Sigue al tono de este poema «Segunda Guerra Mundial», una tirada de versos de corte moral en que se duele de las guerras fratricidas entre hermanos europeos.

Por su parte, «La infancia como antorcha en el subterráneo» es una afirmación plena de la lealtad del poeta a su *yo* interior, cuyo fuego vital sigue ardiendo en el fondo de su ser, «elemento vivificador frente al tiempo y la muerte», en palabras de Victoria León (2016: 39). José Luis Garci, *cowboy* de medianoche, afirma certeramente que «la poesía de mi amigo es una recreación melancólica de su infancia» (Garci, 2013: 96). Esa infancia sigue alumbrando «la noche oscura de mi alma» (v. 10), recordándonos el gusto de Luis Alberto por San Juan de la Cruz, cuya lírica inspiró en 1996 el título de su libro *Por fuertes y fronteras*.

Ya hemos mencionado anteriormente el fervor cuenquista por los juegos de opósitos, en «Las paradojas de Satán» el poeta nos recuerda cómo el enemigo de Dios es emblema del arte, las ciencias, la libertad y el individualismo, por lo que conviene vivir a sabiendas de los contrarios que reinan en el mundo y en nuestra alma. El poema nos recuerda claramente a «Las letanías de Satán» de *Las flores del mal* (1857) de Baudelaire. Se hará también mención al árbol de la vida —el nombre que toma el árbol del conocimiento en Génesis 2, 9 y Apocalipsis 22, 2— donde «la rebeldía humana aparece como inicio del individualismo y de la libertad», señala Núñez Díaz (2018: 228).

En «Runas» se admira la capacidad de Luis Alberto de Cuenca para sintetizar la tradición judeocristiana con la mitología nórdica (Letrán, 2005: 287). En este poema, el *yo* lírico se siente uno de aquellos sabios lectores del sistema de escritura nórdico que dio pie a tantas leyendas mitológicas, hermanándose con la iconografía cristiana:

> Me siento *Runenmeister* esta noche,
> crucificado como Odín y Cristo,
> buscándoos a la sombra de la muerte,
> de modo que os penetro y os entiendo (vv. 10-13).

El poeta ya había mostrado su interés por esta simbiosis en *El héroe y sus máscaras*, donde leemos:

Lo cuenta Hávamal o Discurso del Altísimo en la Edda Poética: «Sé que pendí del árbol que movía el viento durante nueve noches: herido de lanzada, sacrificado a Odín, yo mismo a mí mismo, sobre el árbol de raíces desconocidas. No me dieron un cuerno para beber, no me dieron pan para comer. Miré hacia abajo, recogí las runas; gimiendo las recogí, caí al suelo». Odín, que como Cristo, convirtió el sacrificio en sabiduría (Cuenca, 1991: 62).

«Tewp y Gärensen» son dos personajes de una saga de ficción del escritor Philippe Cavalier (1966) que dan título al siguiente poema en que emergen como opuestos. El joven noruego Thörun Gärensen —exmiembro de las SS— y el coronel David Tewp sirven a nuestro poeta para recordarnos una vez más la inmortalidad de la literatura frente a la fugacidad de la vida.

Con «Poema para Sonia», vuelve al optimismo vital que caracteriza buena parte de sus versos para cerrar esta sección, lo que hace de ese inicial viaje melancólico del epígrafe un trayecto coherente con la postura lírica y vital de Luis Alberto de Cuenca. El poema, sencillo en su interpretación, tiene un trasfondo moral luminoso que nos invita a seguir nuestro camino vital pese a las dificultades, en suma: «a ser feliz siquiera por un rato, / sin complejos ni trabas, seducida / por el dios del amor y la belleza» (vv. 20-22).

La sección «Me acuerdo de...» (2012, I) se nos presenta como una galería de recuerdos y se abre con el poema «Luna llena», un soneto de corte modernista, con aire manuelmachadiano, cuyo hipotexto es otro soneto («La luna mientras duermes te acompaña...») del escritor liberal José Somoza (1781-1852), en que el poeta quisiera ser como la luna para colarse en el aposento de su amada; aquí, el sujeto lírico evoca el recuerdo de la luz lunar sobre el cuerpo querido, con unos endecasílabos cargados de erotismo e ironía, que nos lleva a otros juegos de similar calado del poeta de «El desayuno».

Siguiendo la estela de los recuerdos, llega el poema «Cucharada», un textito tremendamente original en la galería de poemas cuenquistas; el término 'cucharada' sirve al poeta para evocar una palabra ingenua y entrañable que aproxima al poema a las odas de Pablo Neruda —al que ya había dedicado «Tengo miedo», páginas atrás— sobre distintos objetos cotidianos (*Odas elementales*, 1954; *Nuevas odas elementales*, 1956).

La pasión de Luis Alberto de Cuenca por nuestros clásicos viene de lejos y ha sido estudiada por extenso (Suárez Martínez, 2010 y 2017; Lanz, 2011). En este contexto ha de leerse «Apología de los clásicos», una reivindicación patrimonial que enaltece el valor de los universales. En otro lugar, y con las mismas palabras que encontraremos en el poema, el autor nos dice:

Nos divertimos con los clásicos. Su tiempo no es el de la muerte. Viven en otro tiempo los clásicos. Pueden ser de ahora y de aquí, pero son de otro tiempo. Del tiempo que ilumina la oscura cárcel de la vida ofreciendo modelos, estupendos modelos de fabricación exclusiva para engañar la angustia y la soledad cotidianas (Cuenca, 2021f: 100-101).

Este sentido horaciano de nuestra cultura muestra a nuestros clásicos como modelos de comportamiento, al tiempo que iluminan nuestra imaginación y fantasía: «Clásico es aquel autor cuya obra se considera digna de imitación, y ello en cualquier literatura o arte» (Cuenca, 2021e: 99). Se trata de un poema «espectro de poética», en palabras de Virtanen (2024: 35), que apuntala una idea mitificante del cometido poético. Por decirlo con una de sus últimas «Soleares marinas» de *El secreto del mago*: «Dicen que somos enanos / transportados por gigantes. / Los gigantes son los clásicos» (vv. 16-18).

Regresa el mundo de los vampiros en el poema «Dulce Carmilla», donde se evoca a la vampira creada en 1871 por Sheridan Le Fanu en unos versos cargados de erotismo que culminan en un broche de corte moral, criticando la vanidad y el narcisismo, el más amargo de los vampirismos.

El «Soneto del olifante», ese instrumento de viento medieval proveniente de la talla de un cuerno de marfil de elefante, se inicia con un homenaje lorquiano a los *Sonetos del amor oscuro*[17], pues el poeta pide «¡Un olifante, pronto, que me muero!» (v.1) donde el granadino cantaba «¡Esa guirnalda! ¡Pronto! ¡Que me muero!». El sujeto lírico solicita piadosamente una mano amiga que le saque del pozo de amargura en el que reside y le devuelva la fe, la esperanza y el consuelo.

---

[17] Los admiradores de la poesía de Federico García Lorca le debemos mucho a Luis Alberto de Cuenca, pues él, junto a Víctor Infantes, serían los artífices de la sensacional edición pirata de los *Sonetos del amor oscuro*, cuya tirada de 250 ejemplares dio a conocer por primera vez una de las obras fundamentales de la poesía contemporánea. Víd. Cuenca, 2022: 11-13.

El célebre microcuento de Augusto Monterroso —que reza aquello de «Cuando se despertó, el dinosaurio todavía estaba allí» (*Obras completas y otros cuentos*, 1959)— inspira la elaboración del poema «Un dinosaurio en mi alcoba», donde asistimos, gracias a unos versos plagados de ironía y sentido del humor, a la sorpresa del niño que contempla la presencia del prehistórico animal pululando por su habitación y que, como nosotros, se siente igual de solo en el mundo, ajeno y deseoso de cariño. «En ese punto tan conmovedor / del sueño, desperté. Miré en mi torno: ni rastro del pequeño dinosaurio» (vv. 25-27); de tal suerte que se invierte el esquema del microcuento base. Digamos que, «cuando se despertó, el dinosaurio ya no estaba allí».

Merece la pena detenernos, llegados a este punto, en uno de los poemas clave de la serie, el que da nombre a la sección («Me acuerdo de…»), y que recupera un artículo aparecido diecinueve años antes en su tercera del *ABC*[18] (Cuenca, 1999), donde Luis Alberto, como reformulará después en el poema, se acuerda de «los chistes de Borges que me contaba Marcos Barnatán», «de la magdalena de Proust, siempre que como magdalenas», «de que mi novia, al contrario que Matilde y que la mayoría de sus amigas, no llevaba el Lacoste con el cuello levantado», «de que un profesor de literatura nos dio en sexto de bachillerato una conferencia sobre Shakespeare que estaba copiada *ad litteram* del William Shakespeare de Víctor Hugo» o «de que Álvaro, para que no llorase y se durmiese de una vez, le leía "La canción de pirata"»

---

[18] La tendencia de Luis Alberto por refundir textos ensayísticos y periodísticos en poemas —estudiada por Olay Valdés, 2019— se remonta a *La caja de plata* (1985), cuya «Serie negra» proviene de *Las lolas negras* (1980: 53-64), pero aquí —y sucederá también en el siguiente poemario, *Bloc de otoño*— nos asombra la traslación casi literal de muchas de sus prosas. Estos artículos los encontramos reunidos en *Señales de humo* (1999). En alguna ocasión, el poeta ha señalado que tanto su obra filológica como ensayística funcionan en tanto en cuanto van en la línea de la creación poética, y que son, de alguna manera, poemas (Cuenca, 2018b: min. 18:40-20:13). Este tipo de reformulaciones apuntan hacia una «vocación de unicidad, de Obra» (Olay, 2017: 25).

(Cuenca, 1999: 11-12). Estas enumeraciones, tan del gusto borgiano, como cóctel literario y vital, sirven al poeta para subir hacia la erudición (el *Shakespeare* de Hugo) y bajar hasta lo popular (*Los Titanes* que dirigiera Duccio Tessari en 1962), para mirar hacia el futuro donde la memoria articula sus constantes (su madre en el recuerdo permanente) y volver hacia el pasado para hablar del amor amante (Rita) y del amor filial (Álvaro e Inés).

Como vemos, aparecerá de nuevo en este poemario la alusión a la amada adolescente, Rita Macau (1951-1970)[19] tantas veces citada desde los poemas iniciales. Sin embargo, como apunta Sáez (2024b: 16-17) es palpable la desaparición progresiva de la amada primitiva, que, sin embargo, se mantiene constante casi en cada poemario. La Amarilis cuenquista aparece vinculada al Bardo de Upon Avon en este texto, uno de los referentes constantes de su obra, que se darán la mano en el poema «Shakespeare y Rita» de *El reino blanco*, donde confesaría que «Leer a William Shakespeare y conocer a Rita / han sido los dos hechos cruciales de mi vida» (vv. 1-2). Es lógica la aparición de Rita en este *Cuaderno de vacaciones*, pues está asociada íntimamente al recuerdo estival de su estancia en la casa familiar de ella en Gerona. Luis Alberto recuerda a Rita en esa lucha constante del hombre ante la pérdida y el paso de tiempo (Cuenca, 2007: 14; Sáez, 2024a: 13).

Siguiendo con la tendencia a reelaborar artículos ensayísticos, «San Luis de Gonzaga» —santo jesuita, beatificado por Paulo V en 1605 y canonizado por Benedicto XIII en 1726, que moriría muy joven por causa de la peste— proviene de las reflexiones volcadas en su tercera del *ABC* en su artículo «Sobre la castidad» (Cuenca, 1999: 19-20), donde nos da cuenta de su querencia hacia su patrono y, como en el poema, mantiene esa blanca

---

[19] Sobre la figura de Rita Macau, primera novia de la adolescencia de nuestro poeta, tristemente fallecida en un accidente de tráfico, véase Peña Rodríguez, 2009 y 2016 y la introducción de Sáez a la antología *Poemas para Rita* (2024a).

ironía sobre los martirios hagiográficos del santo que fabricaba cilicios con las espuelas de su caballo.

«Príncipes de la noche» es la segunda sección escrita en el año 2012, cuyo título nos devuelve de nuevo al tema del vampirismo, especialmente al *Drácula* de Stoker, por lo que el erotismo, la noche y el jolgorio se darán cita en esta nueva gavilla de poemas. Precisamente el mundo festivo es el que aparece en el primer poema de esta nueva sección, titulado «Amós, 5, 21-24». Hace referencia a la prédica del profeta Amós bajo el reinado de Jeroboán II ante la opresión del pueblo por parte de los poderosos. De igual manera que Yahvé en el hipotexto referencial ataca a la hipocresía del poder (Núñez Díaz, 2018: 228), el poema se presenta desde un rechazo a lo festivo exacerbado[20].

«Corrigiendo a Safo» nos lleva de nuevo a la pasión de Luis Alberto de Cuenca por la antigüedad clásica y especialmente por la lírica de la de Lesbos, a quien considera inventora de la poesía amorosa[20]. No es la primera vez que la autora aparece en los versos de nuestro escritor; pienso fundamentalmente en los guiños de *El reino blanco* con poemas como «Encuentro con Teresa» y «Safo y Faón» y el posterior a este que nos ocupa, «Variación sobre un tema de Safo» (publicado en 2015 en la revista *La galla ciencia* y posteriormente en *Bloc de otoño*). Los dos primeros, siguiendo a Logroño Carrascosa (2018: 130), supondrían simples menciones sáficas, mientras que este perteneciente al *Cuaderno de vacaciones*, y la «Variación» mencionada, son reescrituras propiamente dichas. El poema en cuestión reinterpreta las palabras de la poeta, incidiendo en el gran error en el que, opina, incurre la escritora, de reducción hedonista, al creer que «lo más hermoso» es «el objeto deseado»

---

[20] «Leer los escasísimos restos de la poetisa de Lesbos a pocos años del siglo XXI no deja de ser una urgencia del pensamiento postmoderno, pero también, y sobre todo, una experiencia inolvidable. Pocas veces el Amor ha sido cantado con la sinceridad, la intensidad, el pathos y la fuerza con que lo canta Safo en sus poemas» (Cuenca, 1996a: 74).

(vv. 1 y 5), que en suma no es otra cosa que un «simple / despreciable y efímero deseo» (vv. 7-8). El poema 27 del libro I de Safo de Lesbos, en el que se inspira, se lee, desde la óptica luisalbertiana, como una *recusatio* donde se duda del contenido neoplatónico de la rapsoda. Retoma el inicio del poema original, la estructura inicial y responde a las dudas de Safo con cierta ironía intertextual (Lanz, 2019b: 82-83). Cabría preguntarse, desdeñando la interpretación hedonista de Safo, cuál es la belleza «permanente, objetiva» de la que habla nuestro poeta o si es solo una pose poética. El propio Luis Alberto de Cuenca parece aclararlo en otro lugar, al hilo de las pasiones y los deseos: «En alguna parte he corregido a Safo por defender el encanto de lo subjetivo ante el *glamour* de lo objetivo. Hoy, glosando el término 'pasión', y sin que ello signifique una opción permanente y definitiva, pongo al deseo por delante de la belleza objetiva» (Cuenca, 2020c: 88).

El poema «Príncipes de la noche», que da título al epígrafe, vuelve al motivo gótico fetiche de nuestro poeta; el vampiro tomaba la voz lírica en el delicioso álbum de recortes poéticos que es *La mujer y el vampiro* (2010), así como ocurre en este poema, en donde el no-muerto es una suerte de «alter ego gozoso del poeta» (Cuenca, 2010: 10). En su tendencia por mezclar alta y baja cultura, en estos versos se dan cita una heterogénea galería de personajes (desde el dios Hefesto hasta Conan), que sirven al sujeto lírico vampírico para reflexionar sobre la vanidad que reina en el mundo.

Ya hemos mencionado líneas arriba la importancia de lo onírico en la poesía del madrileño. Siguiendo esta corriente, «Sueño de la chica ornitófila» se presenta como una prolongación de su artículo «Ornitófila» (Cuenca 1993: 11-12). El lector se colará entre los sueños y alucinaciones de una niña que sueña con pájaros y asistirá a una hermosa metáfora sobre la libertad.

La novela del norteamericano Robert Silveberg *Lord Valentine's Castle* sirve al poeta como premisa para la creación del siguiente poema, cuyo hipotexto procede de otro artículo periodístico homónimo al poema, «Panteísmo» (Cuenca, 199: 21-22). Aquí, el sujeto lírico evoca una cita de Silveberg —«Todo se agrupa en torno a lo real» (v. 1)— y un fragmento de un verso de las *Hojas de hierba* de Whitman —«armonía eterna y sin fisuras» (v. 5)— para hablar de la doctrina filosófica que entiende el universo como un todo uniforme, siendo Dios y la naturaleza una misma cosa, para acabar concluyendo, con habitual ironía: «Y yo aquí, / más de sesenta años después, / sin enterarme» (vv. 7-9). «Panteísmo» es así uno de esos poemas que resumen a la perfección el gusto de Luis Alberto de Cuenca por los poemas en los que se distinguen claramente dos partes diferenciadas: una de exposición y otra de final conclusivo.

El lema «*Consolatio ad se ipsum*» —que probablemente recupere el autoconsuelo lírico que escribiera Cicerón tras la muerte de su hija en el año 49 a.C., o las *consolationes* de Séneca (Suárez Martínez, 2017: 358)— le sirve de título para el poema siguiente, que recupera un tono muy similar a la invitación empleada en «Poema para Sonia», y que se nos presenta como una suerte de recordatorio del *carpe diem*, aunque la identidad del hombre esté siempre ligada a la tristeza y el llanto. «*Consolatio ad se ipsum*» es un poema de hondo vitalismo en el que se nos exhorta a apreciar la magnitud plena de la vida, con sus luces y sombras, siendo las primeras siempre un hálito de esperanza, e instándonos a vivir la vida cargados de humorismo.

Siguiendo este tono horaciano debemos leer el poema «Melancolía», en donde el arte, la literatura o las series de televisión, se dan cita en las clásicas enumeraciones caóticas usadas por nuestro poeta, para recordarnos que la cultura siempre salva al que cae en el mar de la desgracia. Tal y como apunta en el pórtico a *El secreto del Mago*, novena entrega poemática del autor, atravesada por la honda experiencia de la muerte, «la poesía, por dura y áspera que parezca, tiende en todo momento a aliviar el dolor, en la medida en que verbalizar la angustia y el pánico es comenzar a derrotarlos, aunque nuestra victoria sea pírrica y en ningún caso definitiva y concluyente» (Cuenca, 2023: 7). Por otro lado, como subraya Olay Valdés (2021: 54), otra de las tendencias de Luis Alberto de Cuenca es la de condensar los últimos versos reduciendo su medida silábica, propiciando así un final más contundente, imprevisto, sorpresivo, que acelera el cierre del poema hacia el buscado remate último. Las expectativas rítmicas del lector, que viene acostumbrado a un patrón constante —aquí el endecasílabo—, se ven truncadas, obligándole a subrayar el sentido final del poema. Tal es el caso de este «Melancolía».

El tercer apartado escrito en 2012, «La otra noche, después de la Movida» —que remite directamente al verso inicial del «Soneto del amor de oscuro» de *El otro sueño* (1987)—, parece mostrarnos a un poeta más alejado del culturalismo y más cercano a un tono confesional (Virtanen, 2024: 123). El poema que da título a la sección, y que abre la misma, recuerda los cinco años de esplendor pop que supuso el movimiento contracultural madrileño, los grandes templos festivos que fueron el Rock-Ola o La Vía Láctea, los tiempos de la Orquesta Mondragón y su experiencia como letrista rockero, y finalmente el cambio sustancial que vivió a raíz de esto su poesía —«Y mientras tanto yo escribía poemas / que no se parecían en nada a los de antes» (vv. 56-57)—, un tiempo que permitió al helenista salir de la biblioteca y que «dejase por un rato sus libros y sus tebeos, / se asomara a la calle, rebosante de monstruos, / y viese lo que hacían esos monstruos ahí fuera» (vv. 42-44). El poema deja rebotando la pelota en el tejado del siguiente, pues «La brisa de la calle» nos habla precisamente de esta nueva tendencia lírica[21]. Este poema es un gran ejemplo del balanceo que se aprecia en todo el libro entre el tono culturalista y el intimismo cotidiano, donde el poeta

---

[21] El membrete ya había sido usado en 1985 como última sección de *La caja de plata*, conectando este poema con el rupturismo iniciático que supuso la línea clara.

vive «una vida, eso sí, que bebe tanto de la brisa de la calle como del aroma de los libros, que vive con igual pasión un cantar de gesta que un amorío vespertino» (Fernández y Monzó, 2023: 15). En este poema, la literatura emerge como una frontera entre la vida y la imaginación.

Las tres composiciones siguientes fueron escritas en Aiguablava (Gerona) entre el 22 y el 24 de agosto, y publicadas, como mencionaba al inicio, en la revista *Litoral* (Cuenca, 20123: 9-12). El poema «Abril» es un juguetito que cierra con el clásico final irónico luisalbertiano, donde el mes de la primavera que tanto inspiró a Juan Ramón Jiménez o a T. S. Elliot es en nuestro poeta el mes en que la alergia le dificulta la respiración.

«Yo no quiero ser rey» ilumina una veta estoica que se hizo mucho más cruda en *Por fuertes y fronteras*, pasando por la acidez de poemarios como *Sin miedo ni esperanza*. En palabras de Antonio Sánchez Jiménez (2021: 67): «En *Sin miedo ni esperanza*, el adagio estoico se presenta como una retirada digna, la única que permite la existencia; en *Cuaderno de vacaciones*, como un rechazo inaceptable». Así, la sentencia senequista «Rex est qui metuit nihil…» de su *Thyestes* se reivindica en este balanceo entre heptasílabos y endecasílabos desde una visión de la vida llena de contradicciones —que como hemos visto articulan tantos poemas del libro— para concluir que nuestro poeta, hasta la muerte, será «un cóctel de temores y deseos» (v. 7)[22]. «Basura genética» llora la pérdida de los héroes cuya tribu «solo perpetúa la debilidad y la cobardía» (León, 2016: 40), en un poema crítico con el devenir histórico de la humanidad.

«Caperucita feroz» nos arrastra inevitablemente de nuevo a los tiempos de la Movida madrileña. En «La otra noche, después de la Movida», Luis Alberto señalaba que su amigo «Fernando me animó a que escribiera letras

---

[22] Afirma Lara Cantizani, con cierta gracia, que «si la poesía de Luis Alberto fuera un cóctel, se llamaría "Laberinto de amor", sería tangible y quimérico, dulce y amargo» (2021: 14).

/ para la Orquesta Mondragón, y tanto caso / le hice que surgieron de aquello muchos temas, / como *Caperucita* o *Viaje con nosotros*» (vv. 34-37)[23]; esa «Caperucita» no es otra que la hermana homónima de este poema, la «Caperucita feroz» incluida en el álbum *Bon voyage* que La Orquesta Mondragón sacó allá por el año 1980 (Cuenca, 2019: 83-85). Es también hermana —aquí ya gemela— del artículo «Caperucita feroz» de su tercera del *ABC*, del 21 de noviembre de 1997. Es muy probable que el poeta, habida cuenta de la distancia temporal entre poema e hipotexto periodístico, apunta Olay Valdés (2019: 551), acuda al texto de memoria, pues aunque comparte aroma, contexto e imágenes, no tiene la literalidad de otras traslaciones similares de nuestro autor. En cualquier caso, reelabora el clásico cuento de Perrault siguiendo las tesis de Bruno Bettelheim, que en su *Psicoanálisis de los cuentos de hadas* (1980) afirma que el cuento habla de sexo y violencia, descreyendo de la historia fabular, pues no es posible que la niña crea en los tejemanejes del lobo, y mostrando a la protagonista directamente como una mujer deseosa de apetito sexual, quizá sin llegar a lo que la crítica ha denominado «mujer viciosa» (Magro, 2024: 140). Nos viene directamente a la memoria aquello que el editor Jesús Egido y el artista Miguel Ángel Martín (2016: 19) acuñaron bajo el nombre de «romanticismo feroz», es decir, una poesía cargada de cinismo y actitud descarnada, cierto humorismo y un halo sádico que dio paso a otro aroma pasivo más cercano al «voyeurismo feroz», que aquí se deja entrever.

Epicuro nos recibe a las puertas del poema «Le jour sort de la nuit comme d'une Victoire» pidiéndonos una vida triunfante mientras nos acercamos a la muerte, ese «dragón hecho de oscuridad» (v. 17) y se vincula claramente con el reiterado «hizo triunfantes mis mañanas tristes» (v. 22 del poema «Víctor Hugo»), traducción de las «matins triomphants», resumen

---

[23] Fernando González de Canales, director de cine al que dedica «La otra noche después de la Movida» aparecía ya en el último verso de «La película» de *La caja de plata*.

perfecto de algunos de los *leitmotivs* luisalbertianos, que no son otros que la apología de la intertextualidad, el erotismo, el amor constante, y el sentido alegre de la vida, como brillantemente resume Sáez (2018a: 8-9). Este triunfo de la mañana —que es también un optimista triunfo *del* mañana— aparece como título de una sección de *El otro sueño* (1987) y un ensayo de *Etcétera* (Cuenca, 1993: 189-190) y en poemas salpicados por aquí y por allá: las «Mañanas luminosas, / juveniles, triunfantes» («Jardín cerrado», vv. 19-20 de *Sin miedo ni esperanza*, 2002), o en «Shakespeare y Rita» (v. 5 de *El reino blanco*, 2010), que es en definitiva el mañana en el que amanece el Marqués de Bradomín: «tengo las mañanas triunfantes» nos canta Valle-Inclán. En definitiva, consolida lo que Lanz ha denominado «estética matinal» (2006: 81), donde el día que sigue a la noche emerge siempre como triunfo.

Este optimismo se apaga en cierta medida en el poema «Vejez» y apunta a uno de los temas mayores de Luis Alberto, la muerte (Sáez, 2020b: 270). Tomando como hipotexto una columna que lleva por título «Dámaso e *Hijos de la ira*» (Cuenca, 1999: 185-186), el poeta se vale de un verso del poema «Dedicatoria final (Las alas)» del escritor de la Generación del 27 para enfrentar la infancia y la vejez, «cuando el mundo era un álbum de cromos de animales / y no esta decadencia que precede a la muerte» (vv. 9-10).

«Diálogo entre el señor y el esclavo» nos muestra la paradoja de las relaciones de poder, con evocaciones fabulares cercanas a la narrativa clásica —quizá al lector le venga *El conde Lucanor* a la cabeza— y se basa en un texto acadio, el *Diálogo del pesimismo* del que Luis Alberto de Cuenca ya había dado un acercamiento en *Museo* (1978: 31-35), de tal suerte que traslada las estrofas sustanciales del poema originario, manteniendo la estructura del diálogo y los argumentos parejos. Tal y como señala Lanz en su análisis del poema (2019b: 80-82), las transformaciones realizadas son en su mayoría formales, acomodando la temática del texto antiguo con las necesidades del

49

contexto contemporáneo. Lo curioso del caso es el posterior acercamiento que hará a este mismo tema, recuperando casi al completo su artículo «Diálogo del pesimismo», con origen en su columna del *ABC* del 10 de marzo de 1988 (Cuenca, 1999: 111-114), hasta convertirlo en el poema que nos ocupa, escrito dieciséis años después. El texto proviene de la relectura del libro de James B. Pritchard *La sabiduría del Antiguo Oriente*, del año 1966, donde se encuentra la recreada conversación entre siervo y señor de origen neobabilónico; en dicho artículo el poeta menciona el hallazgo y resume, casi literalmente, la conversación entre los personajes que luego le servirá de materia poemática.

Una vez más nueve endecasílabos blancos configuran el poema «Ante el espejo», una lamentación sobre el paso del tiempo y la vejez cuyo tono se traslada al siguiente soneto «Sobre un endecasílabo de José Alcalá-Zamora», reelaboración poética de un artículo publicado en el *ABC* en 1994 —«José Alcalá-Zamora» (Cuenca, 1999: 207-208)— que homenajea al poeta e historiador madrileño, celebrado sonetista, para regalarnos un poema de corte melancólico, que recuerda la circularidad de la vida del hombre, que viene y parte desde y hacia la nada: «la cruel y melancólica sirena / de la que vengo y hacia la que voy» (vv. 7-8)[24]. Los títulos que provienen de una cita, en los que el poema entero parece desgajarse del universo de la misma, como este que nos ocupa, suponen una modalidad especial en la poesía cuenquista, pues, como señala Lanz, «a diferencia de la referencia interna en el texto, la cita conlleva un proceso de jerarquización que se impone a todo el texto que abarca» (2018: 94), con lo que nos obliga como lectores a abrir la cita hacia los referentes que incluye el propio poema.

---

[24] Eva Álvarez Ramos (2016) ha realizado un interesante trabajo comparativo entre los distintos manuscritos previos a la publicación de este soneto, que atestiguan un *modus scribendi* en el particular taller de nuestro poeta.

Los infaustos amores de la sacerdotisa de Afrodita, Hero, y el joven Leandro dan nombre a la sección —de nuevo con poema homónimo en su interior— «Hero y Leandro» (2012, IV). El epígrafe aglutina poemas homenaje donde encontramos buena cantidad de recuerdos culturalistas. Se abre con «El aire de tus versos», poema dedicado a Blas de Otero, de quien parafrasea algunos versos, y nos recuerda la querencia de la poesía por buscar la verdad entre las sombras, evocando a Calímaco[25].

Continúan los homenajes con los cuatro poemas siguientes, que ya habían aparecido en la citada gavilla de *Litoral* (Cuenca, 2013b: 4-7). El primero, «Ingres», se enmarcaría en el contexto de los poemas cuenquistas relacionados, bien con obras pictóricas, bien con la biografía, el estilo o la técnica de algunos pintores admirados (Sáez, 2018c: 271; Olay, 2021: 32). Dialogaría con otros poemas de similar calado como «Gustav Klimt: Dánae» (*Scholia*), «El juicio de Paris» (*El hacha y la rosa*), «José María Sert» (*La vida en Llamas*), o «Ann Radcliffe y Salvator Rosa» (*Después del paraíso*), por poner algunos ejemplos. Este interés ecfrástico merecerá una nueva mención al pintor en el poema «Hero y Leandro» («parece una odalisca de Ingres o de Fortuny» («II», v. 14). En el texto

La gran odalisca (1814), de Jean-Auguste Dominique Ingres.

encontramos un elogio del ideal platónico de la belleza, materializado en las serenas figuras pintadas por el pintor francés.

---

[25] Amén de la mencionada tesina, los epigramas calimaqueos han influido notablemente en la lírica de nuestro autor: «Fue Calímaco quien me enseñó a valorar la concreción, la intensidad, el efecto sorpresa, el tono coloquial la concisión expresiva» (Cuenca, 2012: 39).

El segundo poema en cuestión, «Víctor Hugo», conviene leerlo en diálogo con «Le jour sort de la nuit comme d'une Victoire», de la sección «La otra noche, después de la Movida», pues además de elogiar el talento literario del escritor y reconocer la influencia de sus textos en su lírica, el poeta retoma el *leitmotiv* matinal ya mencionado anteriormente para cerrar su texto: «Un verso inolvidable de su *Booz endormi* / hizo triunfantes mis mañanas tristes» (vv. 21-22).

«Edgar Allan Poe» continúa ampliando la galería de afectos de nuestro autor hacia el norteamericano, desde su participación en el volumen colectivo editado por Fernando Marías, *Poe* (2009), hasta el uso del célebre poema «*The raven*» como hipotexto para su «El cuervo», largo poema en alejandrinos blancos incluido en *El reino blanco*. La pasión cuenquista por la literatura de terror hace de Poe uno de sus autores fetiche, quizá porque «la vida es un enigma irresoluble, y los cuentos y las novelas de misterio y terror nos dan la posibilidad de creer que ese enigma tiene solución, lo que resulta terapéutico y saludable» (Cuenca, 2020d: 80).

Carlos Luis de Cuenca, poeta modernista y bisabuelo de Luis Alberto, conoció al padre de la lírica cubana José Martí allá por el año 1971. La anécdota sirve a nuestro autor para su «Martí y mi bisabuelo», que concluye en una reflexión en torno al nacionalismo patrio y el provincianismo, enfermedades ambas de este nuestro siglo XXI, y apela a una vuelta al estoicismo, doctrina que predicaba el cosmopolitismo. Recordemos que un verso de Martí ya le ha servido a nuestro poeta como inspiración para «Campo florido».

En esta galería de homenajes, «Recuerdo de Lee Miller» devuelve a la vida poética a la celebrada periodista y fotógrafa neoyorquina (1907-1997), y recuerda la conocida foto en la que se la puede ver bañándose en la bañera de Hitler en Múnich el 30 de abril de 1945, el mismo día en que el dictador y su esposa se quitaban la vida en Berlín. El crudo recuerdo del nazismo contrasta enormemente con el final del poema, en que reaparece el folclore popular y su interés por la cuentística clásica: «Veo en ella a la Bella frotándose la espalda, / indiferente a todo lo que no sea higiene, / en la guarida de la Bestia». En su estudio sobre la poesía cuenquista y el mundo de la fotografía, Sáez (2023: 270) señala que el poema comienza como una renovación epigramática para acabar como celebración intertextual de la belleza frente a la barbarie.

La fotógrafa Lee Miller en la bañera de Hitler en Múnich.

«Homenaje a Sir Henry Rider Haggard» nos traslada a las aventuras de Allan Quatermain en una reivindicación de lo salvaje frente a la civilización. Victoria León afirma de este poema que «nos recuerda la condición de máscara artificiosa con que nos abruma la civilización» (2016: 40-41), de tal suerte que debemos despojarnos de ella para encontrar la verdad.

Con «Claridad» volvemos a encontrarnos con una poética en forma de poema, en la búsqueda de la línea clara pero con matices, pues supone también un intento paradójico de hacerla compatible con la oscuridad: Licofrón vs. Catulo (Suárez Martínez, 2017: 346). «Cualquier obra literaria que se precie de serlo está escrita con claridad» (Cuenca, 2020a: 87), afirma el poeta, lo que nos lleva a emparentar estos versos con otros poemas, como «Línea clara», de *La vida en llamas* (2006), «El almendro y la espada» o «Elogio de la poesía», de *El reino blanco* (2010), o en el poemario que nos ocupa, en los poemas «Inspirado en Faulkner» y «Apología de los clásicos». Tiene un parentesco evidente con el artículo «Literatura y claridad» (Cuenca, 1996b: 18).

La tendencia luisalbertiana por trasladar sus impresiones periodísticas, ensayísticas y divulgativas espaciadas por aquí y por allá hacia el cauce poético, no solo se materializan en todos los ejemplos vistos, sino que toma especial relevancia en el extenso poema que da título a la sección «Hero y Leandro». El artículo homónimo original aparecido en el *ABC* del 14/II/1990 se publicó veinticuatro años antes su salida a la luz como poema. El cambio sustancial entre el texto en prosa y el poema radica en su traslación métrica y algunos detalles anecdóticos, variando el cierre final (Olay, 2019: 563). Cuenta la desgraciada historia de amor de Hero, sacerdotisa de Afrodita que vivía en una torre sita en el Helesponto, y Leandro que, al intentar acudir al encuentro de su amada, guiado por una luz que ella enciende pero que termina por apagarse, muere ahogado. Al enterarse de la noticia, la joven se suicida lanzándose desde su torre. El poema, dividido en dos secciones, resume —en la primera— el relato mítico en que triunfa el amor y concluye —en la segunda— recordando el final infausto de los protagonistas, en que amor y muerte duermen en la misma cama.

«Amor indestructible» constituye la V sección del año 2012 y la última del libro, y se emparenta con la gavilla de poemas que componen la «Serie negra» de *La caja de plata*, el «Álbum de recortes» de *El hacha y la rosa* y «El enemigo oculto» de *Sin miedo ni esperanza*. Según Virtanen (2024: 127-129) podría dividirse a su vez en dos secciones diferenciadas por, en primer lugar, siete textos de distinto calado, heterogéneos en suma, para seguir con ocho poemas que comparten entre sí factura métrica y estrófica: nueve endecasílabos, tal y como ocurría con el final de *Sin miedo ni esperanza* (2002), «El enemigo oculto», con doce poemas de la misma medida versal. Encabeza el epígrafe «El falsificador de moneda» que, junto al poema siguiente, «Cuesta creerlo», ya había aparecido abriendo la mencionada compilación de inéditos que publicara *Litoral* (Cuenca, 2013b: 3 y 11). El primero trae a la palestra la eterna duda del amigo —o amante— que se debate entre decir la verdad, aunque duela, o evitar el sufrimiento con la mentira; mientras que el segundo reflexiona sobre la llegada inexorable de la muerte que arrebata la belleza y el amor de los amantes.

Con «Febrero de 1977» el poeta nos lleva de viaje al momento del nacimiento —vital y poemático— de la «Etapa Alicia», donde Alicia Mariño Espuelas, abogada y doctora en Filología Francesa, se convierte en la última musa del poeta, «diosa del universo cuenquista», en palabras de Sáez (2024b: 11), a la que dedica el poeta todo *Cuaderno de vacaciones*. Este poema de amor se prolonga en «Eva presente», con nuevas referencias intertextuales decimonónicas como el célebre libertino que le sirviera a Edmond Rostand (1868-1918) para la creación de su drama *Cyrano de Bergerac* o el poeta preparnasiano Théopile Gautier (1811-1872). El cuerpo amado con quien el *yo* lírico de este poema planea vivir por siempre desaparece tras una noche de pasión en el siguiente poema, «Amor y Psique», que recupera el mito del dios Eros y la princesa Psique, como símbolo del viaje que realiza el alma en su pulsión amorosa por alcanzar el Olimpo y el amor eterno, en un giro costumbrista muy habitual en la lírica cuenquista. Aquí, al despertar, la voz del poema lamenta la desaparición del sujeto amado dejando un hueco en la cama y en el alma.

«La mujer de mis sueños» canta a la amada idealizada que puebla el mundo onírico de nuestro poeta (Magro, 2024: 170), desmitificando desde su presente, sito en la temprana vejez, los patrones clásicos de la belleza femenina, comenzando con el canon del joven Chateaubriand, para acabar por echar por tierra el ideal femenino, bastándole al poeta, con mucha retranca, una marquesa viuda cuarentona y desdentada, siempre que conserve la rubia cabellera salpicada de plata, unas manos fuertes, unos ojos grises, «Y saber de memoria / el Carmen que Angilberto dedica a Carlomagno» (vv. 28-29), aquel que contaba la reunión del emperador con el Papa León III.

«Soneto amoroso con estrambote, enmendando la plana a Cecco Angiolieri» —que recuerda a los títulos explicativos de nuestro Siglo de Oro— nos lleva directamente al poema «Si'fosse foco arederei'l mondo», que ya fue traducido y comentado por Luis Alberto en 1996: «Si fuese fuego quemaría el mundo» (Cuenca, 1996a y 1999: 165-166). Se trata de una conversión de un poema oscuro en un nuevo texto luminoso, en un contexto cercano y lleno de cotidianeidad. Así las cosas, el *contrafactum* sonetil convierte la crítica al gobernante en un mundo desengañado —que encontrábamos en el original medievalizante del poeta sienés—, en un canto amoroso al más puro estilo cuenquista, centrado sobre todo en la intimidad y en la esfera de lo cotidiano frente a lo social, «más tejas abajo que otra cosa», en palabras de Sáez (2019a: 240). Este balanceo hacia lo privado nos evoca directamente al poeta Ángel González, «si yo fuese Dios haría / lo posible por ser Ángel González / para quererte tal como te quiero» (vv. 25-28), del célebre poema «Me basta así». Sin embargo, como señala Lanz (2019b: 80), aunque el «enmendando la plana» titular podría llevarnos a cierta desvalorización de Angiolieri, el hipotexto sirve como simple premisa, no como rechazo al autor[26]. Advierta el lector cuando se zambulla en este poema cómo la anáfora en

---

[26] En otros lugares el poeta se ha deshecho en elogios hacia el poeta sienés: «Adoro a Cecco», llegará a decir (Cuenca, 2011a: 195). Para entender el vínculo entre ambos poetas y los juegos de reescritura luisalbertinos a partir de la obra del poeta medieval —con especial atención a este soneto— véase Sáez, 2019.

condicional —ya originaria de Angiolieri— recalca jocosamente la variedad de vidas ofrecidas por la voz poética, en cuyos contextos emerge siempre un contrapunto cómico en cada declaración de amor.

Los poemas últimos han de entenderse en conjunto, pues combinan el tema del maltrato y la violencia con el erotismo en un viaje de ida y vuelta, con ese tono *noir* que caracteriza a algunos poemas cuenquistas, bajo una pátina de costumbrismo, crueldad y morbo. En «Su llanto» se describe una tristeza profunda, un temblor lacrimoso irreprimible e inconsolable, que entenderemos posteriormente en «Su marido» proviene de una mujer maltratada, y que parece continuar el tono y tema de «La malcasada» (*El reino blanco*), al tiempo que homenajea de nuevo al mencionado microcuento de Monterroso, pues al abrir los ojos en la noche plagada de pesadillas, la mujer confirma que «el monstruo seguía allí, desnudo, / junto a ella, al otro lado de la cama» (vv. 8-9). El tono cambiará en «Su cuerpo», instantánea erótica, que se relaja en «Lo sagrado», donde elogia la belleza natural de la amada frente a los rostros maquillados en exceso, para volver a crecer en fogosidad en «Su veneno», un poema tremendamente pasional.

«Sed de mal», proviene de una escena de *Touch of Evil* —la película de 1958 dirigida por Orson Wells— que recupera el género negro cinematográfico, fetiche de nuestro poeta, para evocar, desde la violencia, «cierta nota erótica» (Magro, 2024: 130). Este viaje concluye con «Mientras llega», una invitación a esperar el paso al otro lado del espejo con los recuerdos amorosos en la memoria y el fabuloso «Amor indestructible», el poema que da título a la sección, que emerge como un diálogo entre un amor sombrío, dubitativo y el amor de las «mañanas triunfantes», donde la luz vence gracias al perdón. Un poema final, en suma, de amor en madurez (Sáez, 2024b: 23) que recuerda inevitablemente al «Amor constante» quevediano, que resiste cualquier coyuntura y que resume a la perfección el tono de los poemas amorosos del libro, cerrando el círculo con la dedicatoria a Alicia Mariño. Bien parece que ese amor que a veces se resquebraja y parece una ilusión, es el amor de nuestro poeta, pues el afecto es siempre una quimera,

> Pero resiste la presión del odio,
> y perdona, y olvida, como olvida
> y perdona a la noche la mañana (vv. 7-9)

🐁 🐁 🐁

En el año 2022 tuve la ocasión de preparar junto a José Manuel Lucía Megías la antología *El mañana, el ayer, el siempre, el hoy*, donde recopilábamos veinticuatro poemas de nuestro autor para compartir con los lectores una suerte de «día poético con Luis Alberto». La edición de apenas cien ejemplares se lanzó con motivo del homenaje que celebramos al poeta por el Día Mundial de la Poesía en el Paraninfo de la Universidad Complutense. Quise abrir la selección con dos poemas de este *Cuaderno de vacaciones* —como invitación a subir las persianas de la vida: «Amor y Psique» y «Memoria de tus ojos al despertar»—; por entonces no sabía que el poeta me regalaría la hermosa ocasión de aporticar la nueva edición del que es uno mis poemarios fetiche. Agradezco a Luis Alberto su paciencia y generosidad ante este trabajo y la franca hermandad que nos une desde hace ya unos años. Mi agradecimiento infinito a Jesús Egido, infatigable y erudito editor, y a mi hermano veneciano Adrián J. Sáez, *factótum* de esta Biblioteca *laquiana*, con el que tantas *noches de ronda* han venido perfumadas con versos de Luis Alberto.

Ahora, desocupado lector, antes de que vuelva septiembre, con sus mochilas nuevas y sus blocs otoñales, disfruta de este cuadernillo estival. Como el niño que rompe el mundo para conocerlo, en los poemas de este *Cuaderno de vacaciones* Luis Alberto de Cuenca desgarra en cada microcosmos poético un fragmento de vida para ponerla ante nosotros, luminosa y clara, en la batalla de los días que se suceden. Como bien se habrá podido apreciar, aquí se encontrará al mejor Luis Alberto de Cuenca: al helenista, al letrista pop, al bibliófilo y traductor, al aventurero, al erudito más popular, al lector de tebeos y cinéfilo empedernido, al divulgador y al *cowboy* de medianoche, al amante y al amigo, al observador, al hombre bueno, al que duda y falla, al que perdona y teme, al que desea y sufre, a todos ellos reflejados en nuestro espejo, porque toda esta entonada canción de contrarios constituye el orden de nuestro poeta, que es el caótico orden que nos gobierna a todos. Un poeta que nos apela alejado de la trascendencia y la pretenciosidad, que se acerca a sus lectores estrechándoles la mano en un diálogo más propio de la franca amistad que de la altanería de los salones poéticos.

Luis Alberto de Cuenca es ya un clásico porque, como los universales, nos habla de nosotros mismos.

Daniel Migueláñez

Cuaderno de Vacaciones

(2009-2012)

Nota del autor (2010)

¿QUIÉN NO RECUERDA aquellos cuadernos de vacaciones que nuestros padres nos endosaban religiosamente todos los veranos para que no decayese nuestro entrenamiento intelectual después de concluido el curso? No dejaba de ser una pesadez tener que cumplimentarlos, pero lo hacíamos, y eso fue creando en mí una especie de hábito que aún hoy, cumplidos los sesenta y dos, conservo, y es la manía de trabajar en vacaciones, si es que puede llamarse trabajo a la actividad que practico en los últimos años con más asiduidad en los meses de agosto, cuando veraneo con Alicia: escribir los poemas que no escribo el resto del año. Para dar testimonio de esa adicción, he reunido en este *Cuaderno de vacaciones* ochenta y cinco poemas, la mayor parte de mi producción poética compuesta en los veranos comprendidos entre 2009 y 2012. En los veranos más prolíficos, como es el caso del de 2012, he repartido los poemas bajo diferentes epígrafes, que aspiran a ordenar temáticamente la lectura. Pero lo que configura este libro como un corpus orgánico y unitario es precisamente su escritura gozosa, vacacional, ausente de todo tipo de preocupaciones laborales y académicas, su fusión decidida con el ocio, que es, a la postre, el padre de todos los vicios, y todo el mundo sabe que la poesía es un vicio, y de los más entrañables y deliciosos. Siempre he pensado que hacer versos es una fiesta, algo muy parecido a la felicidad, y que el papel en blanco no es una cárcel metafísica sino un campo de juego, y que dar rienda suelta a lo que anida en tu interior no es un drama existencial sino un acto de liberación no exento de alegría. Los períodos de holganza son los más adecuados para ejercitarse en la práctica de ese alborozo íntimo y, a la vez, expansivo que es la escritura. Eso lo saben bien Luis García Montero y Jesús García Sánchez, queridos amigos y directores de esta serie, a quienes envío desde aquí un abrazo muy fuerte de gratitud, de complicidad y de cariño.

LUIS ALBERTO DE CUENCA
Madrid, 23 de octubre de 2013

para Alicia

Desde la caverna
(2009)

El vestido nuevo

Y TU VESTIDO nuevo, el que te hiciste
para pasar la prueba del hastío
y apoderarte de los corazones
que se te resistían, aquel traje
que inauguraba el mundo, que fundía
los metales pesados, que te daba
las llaves de un imperio donde el morbo
era rey, aquel mínimo vestido
que nunca te pusiste para mí...

Sin condiciones

LLEVAS YA tanto tiempo dirigiendo
tus proyectiles a mi fortaleza.
Siempre dan en el blanco. Se diría
que es un arquero zen quien los dispara.
Me indigna ver mis muros abatidos
por tus bombas, y ver mis baluartes
convertidos en ruinas, y a mis hombres
negándose a luchar. Tendré que hacerlo.
El amor y la muerte siempre ganan.

Ensueño céltico

CELTAS, PIENSO en vosotros esta tarde,
cegado por un sol mediterráneo
que no es mi sol. En vuestra deliciosa
costumbre de sentiros tan a gusto
en un nublado Más Allá. En las brujas
que inventasteis entonces y que siguen
coleando en las páginas de Dahl.
En los héroes de vuestras epopeyas,
capaces de viajar al Paraíso
o de adentrarse en medio del Infierno
con la espada en la mano. En los druidas
de vuestra primitiva religión,
proféticos y astrales como piedras
de Stonehenge. En las hadas, bienhechoras
o no (que eso depende de que uno

las recuerde u olvide en sus plegarias),
que han brotado de vuestra fantasía.
En Iseo la rubia y en Ginebra
la adúltera. En Arturo y en Cuchulainn,
y en Merlín de los bosques y en Tristán.

Celtas, que habéis forjado los cimientos
de Europa desde Hallstatt y La Tène;
que hicisteis de Britania y de Galicia,
de Armórica, de Gales y de Hibernia
topoi de un mismo sueño compartido
por quienes nos sentimos europeos
(es decir, celtas, griegos y romanos,
germanos y cristianos a la vez).
Celtas, que habéis llevado la contraria
al mismísimo Hamlet, cuando dijo
que no hay nadie que vuelva de la muerte,
pues no hacéis otra cosa que contarnos
cosas del otro lado del espejo,
ese país que conocéis tan bien.
He pensado en vosotros esta tarde,
abrumado por un sol de injusticia
que no es mi sol.

Plegaria de la buena muerte

Ahora que la muerte no está lejos
(la verdad es que siempre estuvo cerca),
y me hace cada vez más carantoñas,
me acuerdo —porque truena—, de los Dioses
de mi infancia, los Dioses de mis padres,
para pedirles una buena muerte.
Y me acuerdo de uno, sobre todo,
que son tres (como el Corum de Mike Moorcock):
aquel Anciano de tan mal carácter
que presidía el Viejo Testamento,
el guapo Mozo al que crucificaban
en el Nuevo, y el *Pneuma* o Santo Espíritu,
que los funde y congrega en la Paloma
que corona la frente del Anciano.
Señor de mi niñez, aunque no existas

(¿existo acaso yo?), quiero pedirte
por escrito, con pólizas y sellos,
que el terrible momento de mi tránsito
a las estrellas (o al ardiente Tártaro)
sea apacible y suave, sin dolores;
que me vaya a la luz (o a la tiniebla)
sin estridencias y sin dar la lata,
después de haberme puesto a bien contigo
y con toda mi gente. Sé que hay muchas
variables que pueden influir
en el momento de morirse uno,
casi siempre molestas y angustiosas,
y que no puedes darle a todo quisque
una muerte benéfica y serena.
Sé, además, que no soy un buen cristiano
y que tengo problemas de empatía
con los desheredados de este mundo.
Pero, a pesar de todo, te lo pido,
amparado en la fe de mis mayores,
en mi proverbial jeta y en la hondura
infinita de tu misericordia:
dame una buena muerte, sé benévolo
conmigo en ese trance, te lo ruego.

Plegaria de la Diosa

METAFÍSICO ESTOY y eso que como mucho,
no como Rocinante. Lo cierto es que en los últimos
tiempos, cada vez más al dictado del humo,
he vuelto a la poesía sagrada (¡vaya broma!),
y pienso que me sienta bien el regreso, tanto
al menos como el guante le sentaba a la mano
de aquel rey don Felipe de don Manuel Machado.
Como prueba, un botón: este himno a la Gran Diosa.

Diosa Blanca, Mujer, Madre del orden
cósmico, soberana del abismo,
vientre sagrado y primeval, mandorla
de donde nace todo, adonde todo
se reintegra. Tú, Diosa de los senos

gigantes, de las fértiles caderas
y del rostro invisible, que reúnes
el espacio y el tiempo en un repliegue
de tu cuerpo glorioso, vuelve a mí
esos tus ojos donde el infinito
juega con las estrellas a los dados,
y haz brotar, Madre mía y Madre nuestra,
el árbol puro de nuestra esperanza
con el soplo divino de tu aliento.

Tengo miedo

homenaje a Pablo Neruda

TENGO MIEDO. El pasillo de mi casa me aterra.
Los muebles y los libros de mi cuarto se mueven.
Debajo de mi cama los diablos piden guerra,
lo desbaratan todo y con todo se atreven.

Tengo miedo. La voz lúgubre de la noche
resuena en mis oídos diciéndome: «Soy yo,
he venido a colgar de tu alma este broche
que me dio para ti la mujer que te amó.

Está hecho de dolor y de horror primigenio,
es un monstruo de fauces perpetuamente abiertas
que te engulle el espíritu, milenio tras milenio,
y sella para siempre con pez todas tus puertas».

Tengo miedo. No sé qué pensar ni decir,
ni cómo defenderme de tanta oscuridad.
¡Quiero olvidarlo todo y tan solo dormir,
sin que nada ni nadie turbe mi soledad!

Tengo miedo. El fantasma de la muerta regresa
del más allá, y penetra en mi lecho maldito,
y me lleva con ella al fondo de la huesa,
convirtiéndome en víctima de un pavoroso rito.

La ciega y el lector

ME HA GUSTADO muchísimo *Moll Flanders* de Defoe.
¡Lees, además, tan bien! Pero tengo una idea:
dejemos la lectura por una noche, y llévame
al teatro, a una fiesta popular o, aún mejor,
a un baile de disfraces. Una noche en la calle
vale más que cien libros. Y cuéntamelo todo,
quiero saberlo todo de lo que ves ahí fuera.
Conviértete en mis ojos también para la vida
que respira en la calle. Léeme el mundo, amor,
pon luz en mi tiniebla con páginas reales.

Vuelve Guillermo de Aquitania

HARÉ UN POEMA de la pura nada.
Tú y yo seremos los protagonistas.
Nuestro vacío, nuestras soledades
ni un solo instante compartidas, nuestro
mortal aburrimiento, la derrota
diaria, serán cosas que se encuentren
en el poema, que no será largo,
porque todo eso cabe en unos pocos
versos, tal vez en nueve nada más,
o en diez, si cuento este que lo cierra.

Desde la caverna

COMO TODOS los hombres, vine al mundo
a recordar, porque el conocimiento
es tan solo memoria, remembranza,
reminiscencia de otra realidad
mejor, más prestigiosa y más estable,
de la que un día fuimos desterrados.
La vida es perseguir inútilmente
la fuente primordial, donde confluyen
todos los hilos de agua del recuerdo,
rozar casi sus gárgolas y hundirse
en el suplicio de una sed eterna.
Tú, madre mía, soledad, aún puedes
salvarme de este olvido que amenaza
con sembrar de silencio las llanuras

sonoras de mi alma. Novia mía,
hermana soledad, dime qué hubo,
o si hubo algo, digno de memoria
fuera de la caverna en la que vivo.

Campo Florido
(2010)

Él y yo

ÉL ES EL AMO de la tierra,
el que sondea los abismos,
el que conjura soledades
desde su trono de silencio.

La dama que ama es azul.
Por ella lo ha entregado todo:
los cuatro elementos, la vida,
la respiración, la mirada.

Yo solo soy su agotamiento,
el heraldo de su contagio,
el sendero que ni siquiera
se distingue entre la espesura.

Cuando despierta, se disipa
la niebla, se abren las montañas
a un futuro de plenitud
con agua de lluvia y con árboles.

Cuando duerme, velo su sueño,
como Hildegunda el de Valtario.
Cuando duerme, la dama azul
se diluye en el horizonte.

Juncos heroicos

A LA LUZ de la madre luna
se ve un río de piedras blancas
y juncos verdes que se inclinan
y se ofrecen al paseante.

Cada junco es una metáfora
del héroe que llevamos dentro,
del paladín de los humildes
que no tiembla ante los malvados.

Y busca damas en apuros
desde el río de piedras blancas
para salvarlas y salvarse,
a la luz de la madre luna.

Cinco haikus

ESTÁS tan cerca
que he borrado tus huellas
con mi silencio.

EL SOL se oculta
y yo les digo adiós
a los amigos.

BAJO tus alas
hay un bosque profundo
que no conoces.

NO SE VE a nadie.
En el monte vacío
no se ve a nadie.

Qué HARÁ esa nube.
¿Pasar? ¿Derramar lluvia
sobre mi hoguera?

Campo Florido

AQUÍ SE LUCHA a cambio de la gloria,
si es que la gloria es algo. Aquí las flores
del mundo se transforman en espadas.
Aquí los caballeros se despiden
de sus enamoradas para siempre
y queman sus recuerdos en la hoguera
de un combate infinito. Este es el Campo
de donde nadie vuelve, donde nadie
tiene un nombre, un linaje, una familia,
y la guerra es el padre y la madre de todos.
Olvida tu pasado. Ven al fuego
de las hojas desnudas, de las lanzas
rotas y los caballos sin jinete.
Ven al fuego perpetuo de los héroes

anónimos, al prado de los mitos
que no explican el mundo. Y no te tardes,
porque Campo Florido va a sumirse
en la sombra de un sueño hecho pedazos.

Canción de opósitos

¿NORTE O SUR? ¿Aventura o biblioteca?
¿Rencor o amor? ¿Coraje o cobardía?
¿Dios o Diablo? Piénsalo y decídete
cuanto antes. La vida va trazando
signos confusos dentro de tu cuerpo,
y se han fundido viejas conexiones
que se consideraban infalibles.
Piénsalo bien. El mundo da sus vueltas
cada vez más deprisa. No hay quien siga
su ritmo. No hay quien pueda sustraerle
un solo instante para decir alto
y claro, sin la más mínima duda,
mirándote al espejo, estas palabras:

«Norte y sur, aventura y biblioteca,
rencor y amor, coraje y cobardía,
Dios y Diablo, todo al mismo tiempo».

La última perífrasis

Te faltaba, mi vida, una perífrasis
para redondear tu biografía:
princesa del desierto. Palmerales,
dátiles, dromedarios y un arroyo
límpido y cristalino entre las dunas,
como un milagro más de los que ha obrado
Naturaleza en ti. (Vana retórica
con que suplir cariño, pobre intento
de fijar tu silueta en un poema).

Moisés

DAME LA MANO. Hay que cruzar el río
para llegar al otro lado, y siento
que las fuerzas me faltan. Cógeme
como si fuera un bulto abandonado
en un cesto de mimbre que se mueve
y que llora a las luces del crepúsculo.
Cruza el río conmigo. Aunque sus aguas
no replieguen su cauce ante nosotros
esta vez. Aunque Dios no nos asista
y una nube de flechas acribille
nuestras espaldas. Aunque no haya río.

Acotación al desenlace del *opus primum* de Agatha Christie

Ha ACABADO una guerra. Vendrá otra
aún peor, pero ellos no lo saben.
Toda Inglaterra es una enfermería
para convalecientes. De improviso,
una dama se arroja a la palestra
de la literatura policíaca
y ve la luz *El misterioso caso
de Styles*. Alguien lo dice —me parece
que la propia escritora, arrebatándole
protagonismo a Hastings— al final
de la novela: «Un hombre enamorado
es un *show* lamentable, un espectáculo
patético, un paisaje lastimoso».

No tengo más remedio que anotar
al margen de esa cita esta otra frase:
«No estoy de acuerdo con la vieja Agatha».

Están clavadas dos cruces

Queda ya poco tiempo. Está oxidada
la fe de tanto estar a la intemperie,
y la otra componente de la serie,
la esperanza, se siente anonadada.

Y el amor, ¿dónde está? Nadie responde
a pregunta tan necia y tan lesiva.
El amor es un barco a la deriva
que prescinde del cómo, el cuándo, el dónde.

Queda ya poco tiempo. Las estrellas
van muriendo de frío, lentamente.
A este lado del mundo ya no hay luces,

ni sombras tibias, ni penumbras bellas.
Todo se va volviendo ajeno, ausente:
un monte del olvido con dos cruces.

Ansiedad, angustia, desesperación

¿QUÉ HARÉ contigo, desesperación?
¿Te clavaré una lanza en el costado?
¿Te arrancaré los ojos de un bocado?
¿Me comeré tu impío corazón?

¿Te olvidaré? He perdido la razón
intentándolo, y tú me has encerrado
en el zulo de hiriente fuego helado
donde gobierna la desolación.

Me ahogas y sepultas poco a poco
en las profundidades de mí mismo,
donde la angustia, donde la ansiedad.

Y no sé ya qué hacer. Me has vuelto loco.
En tu espantoso y repugnante abismo
solo hay lugar para la soledad.

Memoria de tus ojos al despertar

QUÍTAME la guirnalda de tu risa
de encima de la tumba, róbame
el póstumo recuerdo de tus besos,
entrégame a la noche del olvido
total, que es finalmente lo que toca
en esta coyuntura de la muerte,
pero hay algo que nunca lograréis
ni tú ni la tiniebla que me cubre,
y es que me muera sin hacer memoria,
aunque sea un segundo, de la cara
que me ponías al abrir los ojos
cada mañana, de esa cara llena
de vida, de esos ojos iniciándose
en la fiesta del mundo, en la alegría

de existir, y que ahora, al otro lado
del espejo, de alguna forma mágica,
guían mis pasos en la oscuridad.

Vampirismo

Y EN TUS OJOS oscuros y sombríos
se dibujó la llama del deseo,
y entonces comprendí que no tenías
un nombre, sino muchos, tan obscenos
como difícilmente pronunciables,
y te supe sin máscaras ni velos,
más antigua que el mar y las estrellas,
que los bosques, los mitos y los sueños,
y tuve miedo, y encendí la luz,
y vi unas marcas rojas en mi cuello.

¡Ah de la vida!

(2011)

Mis viajes por el tiempo

EL VIAJERO DE WELLS se adentra en el futuro.
¡Qué horrible pesadilla le espera con los *elois*,
tan delicados ellos, sirviendo de pitanza
a los feroces *morlocks*! Yo no quiero viajar
rumbo al futuro. Grima me da hasta imaginarlo.
Lo mío es el pasado: Bizancio, por ejemplo:
dar un beso a Teodora al salir del Hipódromo,
cuando ella era una *stripper* cualquiera entre las muchas
que pululaban por los antros de la Urbe
buscando clientela; ver cómo Justiniano
repara al fin en ella y le pide una cita,
a solas, en Palacio, y ella, conmocionada,
balbucea un «sí, amo» y va en busca de un filtro
amoroso infalible para suministrárselo

al dueño del Imperio y ganarse la púrpura
que codicia y, con ella, la gloria de las crónicas
y un puesto preeminente en San Vital de Rávena;
o los alrededores de Ginebra, una noche
de un 16 de junio del año en que Alejandro,
zar de todas las Rusias, expulsó a los jesuitas:
compartir con Lord Byron, Polidori y los Shelley
lecturas terroríficas que conduzcan a Frankenstein
y a Ruthven el vampiro; comprobar la cojera
de Byron, la abyección sumisa de su amante,
la arrogancia de Percy, la agudeza de Mary;
ver quién se fue primero a la cama, qué hicieron
en la cama —si hicieron algo que fuese digno
de mención—, qué cenaron aquella noche mágica,
mientras el lago Leman inundaba de sombras
Villa Diodati, Suiza, Europa, el mundo, todo.
Si me pierdo en el tiempo, me encontraréis en sitios
como Constantinopla, siglo VI después
de Cristo, o en Ginebra, a comienzos del
siglo XIX. Lo mío es el pasado.

Días de vino y fuego

SOLO VERLA QUEMABA. Era una hoguera
su cuerpo, hecho de sueños estivales
y de tórridas noches en la playa
después del huracán. Su pelo olía
a champú para niños, y era dulce
aproximar los labios a su cuello
hasta rozarlo levemente, apenas,
y continuar después el recorrido
dando toques fugaces más abajo
para luego ascender, como si fuera
una bola del mundo y yo tuviese
que circunnavegarla con mis manos.
No teníamos prisa. Ambos estábamos
perlados de sudor, y la leyenda

iba retrocediendo ante la historia,
y aquello era verdad (en la medida
en que pueda existir esa palabra,
verdad, que es la medida del aroma
a guiso del vecino que traían
las ventanas abiertas, o el sonido
de un claxon en la calle). Le di un beso
en la boca, sellando para siempre
nuestra alianza, y me lo devolvió
con pasión y ternura, y aún guardaban
sus labios y su lengua el sabor tibio
del formidable vino de uva roja
—tan dulce y delicada como ella—
que habíamos bebido una hora antes.

Matilde Urbach

Dios que vives y reinas en el cielo,
que manejas el rayo y, a la vez,
la piedad infinita, presta ayuda
a mi amigo, pues desde que se hizo
de noche no lo he visto y ya muy pronto
se hará de día.
                    Buen amigo, álzate
suavemente del lecho, pues la estrella
que anuncia el día asoma por oriente.
Te lo digo cantando, como el pájaro
que va en busca del día por el bosque.
Una y mil veces te lo digo: tengo
miedo de que el celoso te sorprenda.
Desde que te dejé, no ha transcurrido

un solo instante sin que, de rodillas,
haya rogado al Dios de mis mayores
que vuelvas sano y salvo, pues se acerca,
irremediablemente, la mañana.

—No insistas, compañero. Con Matilde
Urbach desfalleciendo entre mis brazos,
no me importan ni Borges, ni Giraut
de Bornelh, ni esas luces implacables
con que se anuncia el alba de mi muerte.

Inspirado en Faulkner

Sin amor, sin honor y sin orgullo,
sin emoción y sin complicidad
la poesía no tiene sentido.
El deber del poeta es escribir
sobre la compasión, la fortaleza
y la debilidad, sobre el espíritu
de sacrificio (que redime al mundo),
la piedad, el coraje, el heroísmo.
Y su voz no ha de ser solamente memoria,
sino también columna en que se asiente
la condición humana, fundamento
que alivie su temor al vacío, mitigue
su angustia y vierta luces
en su noche perpetua.

Confesión general

Llegó el momento de las confesiones
mutuas. No se miraban a los ojos.
El suelo era su único horizonte.
Cuando ella hablaba, él levantó la vista
y vio cómo surgían cosas turbias,
oscuras y secretas de su boca,
cosas que bien podrían ser envueltas
en periódicos sucios y enterradas
de noche en las arenas movedizas
que rodean la casa Usher. Luego
habló él, cuando ella interrumpió
su horrible letanía, y los papeles
se invirtieron, pues ella lo miraba
y él buscaba cobijo en el abismo.

Todo se lo contó, mientras surgían
de su garganta bichos innombrables
que cegaban los pozos y las fuentes
de su amor y abolían el futuro.
Llegó el momento de los cigarrillos,
y se miraron por primera vez
a los ojos después de tanto tiempo,
y supieron que no envejecerían
juntos, y que estarían siempre solos,
y que nunca podrían olvidarse.

Sueño del reloj de bolsillo

Aquel TIPO miraba su reloj de bolsillo
con una ansiedad tal que, al verlo, uno
pensaba, sin querer, en el conejo
blanco de *Alicia*. Iba vestido como
si hubiese aterrizado de la máquina
del tiempo de H. G. Wells, pues llevaba
un traje y un bigote y un calzado
propios de los 90 del siglo XIX.
Reparó en mí. Se iluminó su cara.
Saltó de su sillón. Vino a abrazarme.
Yo, la verdad, no supe qué decirle
cuando vi que era yo quien me abrazaba,
yo mismo, sí, pero con ciento veinte
años menos, yo mismo, con un terno

de la época feliz en que naciera
Borges o Stoker publicara *Drácula*,
esperándome a mí en el Club Diógenes
de Mycroft Holmes o en un lugar soñado
por el estilo, para revelarme
secretos compartidos o aventuras
que acometer, o solo para hablarme
de nuestras cosas, ahora que vivíamos
los dos al otro lado del espejo.

Sueño del alba milagrosa

DEBÍAN DE SER las tres o las cuatro, esas horas
de la noche en que el sueño tendría que ayudarme
a vivir. No era así. Incapaz de cerrar
los ojos con provecho, abandoné la cama
y me vestí con ánimo de pasear un rato
por el jardín. No había una nube allá arriba.
Marte resplandecía como una brasa cerca
del horizonte. Sirio, la estrella que los brujos
antiguos del Creciente Fértil denominaban
sol secreto del cosmos, palpitaba en lo alto.
La luna dibujaba en el cielo un mensaje
cifrado que yo quise entender que era Nihil.
El jardín desprendía un aroma de muerte
y finitud. Pensé que todo acabaría

esa noche: proyectos, poesía, futuro,
amor, filología, bibliofilia, ilusiones...

Pasadas ya las cinco de la mañana, el mundo
comenzó a despertarse. Una luz, cada vez
más intensa, venía de oriente, iluminando
cada árbol, cada hoja, cada flor, cada seto,
cada banco de piedra, el cenador, la pista
de tenis, la piscina. Recordé lo que Lennox
(o Ross, nunca me acuerdo de quién de los dos era
quien lo decía) dijo después de que Macbeth
asesinara a Duncan en mi obra favorita:
«No hay noche, por terrible y por larga que sea,
que no se encuentre al fin con el día». Volví
al caserón sombrío y solitario, a la alcoba
vacía, cuando todas las luces estallaban
ahí fuera. Y me dormí como un bebé, acunado
por el amanecer, mecido por el alba.

¡Ah de la vida!

POBRE EXPERIENCIA tengo de la vida
(como todos). Practico la existencia
(como todos). Y sufro. Y no sé nada.
Lo primero: soy hombre, no mujer,
y eso ya es un fracaso si uno quiere
saber de qué va el mundo, penetrar
en el misterio de las cosas. Luego
está el tema de las sendas perdidas
y el de esas partes de nosotros mismos
a las que traicionamos por servir
a una sola faceta (la peor,
la más absurda y menos favorable).
Pobre experiencia tengo de la vida.
¡Qué pena estar tan cerca de la muerte!

Segunda Guerra Mundial

AL MARGEN del terror rojo de Stalin
y de los campos de exterminio nazis
—no conviene olvidar tales horrores—,
ese soldado anglosajón y ese otro
alemán que lucharon fieramente
el uno contra el otro eran hermanos.
Y me estoy refiriendo a una contienda
que duró más de un lustro y poco o nada
tuvo que ver con un conflicto ético
que enfrentase a los malos con los buenos.
Al margen de los márgenes citados,
aquella guerra no fue más que una
espantosa y feroz guerra civil.
Y lo malo que tienen estas lides

es que, gane quien gane, te desangran
tu lado espiritual hasta dejarte
desalmado, abatido, sin valores:
como Europa en el año del Señor
de 2011, que es cuando les hablo.

La infancia como antorcha en el subterráneo

Lo MATÓ la vida muy pronto.
Se apagó el fuego que alumbraba
las pupilas del niño triste
cuando mordía una manzana,
acariciaba a su mascota
o leía cuentos de hadas.
Pero su fuego sigue ardiendo
en mis victoriosas mañanas,
tantos años después, y alumbra
la noche oscura de mi alma.

Las paradojas de Satán

AQUEL CUYA mirada petrifica
y hace que abandonemos la esperanza,
aquel que no es amado ni es capaz
de amar a nadie, el ogro de los cuentos,
el científico loco que pretende
someter el planeta a su capricho,
el cómitre feroz de la galera
otomana, el psicópata, el azote
de Dios, el enemigo de los cielos,
el mal en su cenit, el horror puro,
es, además —y no lo olvides nunca—,
el padre de las ciencias y las artes,
el emblema del individualismo
y el paradigma de la libertad.

Con esas paradojas debería
uno arar, si desea
que el árbol de la vida dé sus frutos.

Runas

Letras de los antiguos, runas sacras
que referís las gestas de los hombres
y abrís ventanas a los otros mundos
que hay más allá, y saciáis nuestros deseos,
y alimentáis nuestra desolación,
dadme por guía a un animal salvaje
—un lobo, una serpiente, un jabalí—
para cruzar el bosque de los mitos
y llegar sano y salvo al otro lado.
Me siento *Runenmeister* esta noche,
crucificado como Odín y Cristo,
buscándoos a la sombra de la muerte,
de modo que os penetro y os entiendo.
Abrid, pues, vuestras cifras primordiales

a mi vieja ganzúa, hecha de odio
y de amor a la vez, y haced que surjan
fuentes en los desiertos, y que me hablen
los difuntos, y que este desvaído
infierno sin colores y sin formas
en que me encuentro vuelva a florecer,
tan verde y tan frondoso como antes.

Tewp y Gärensen

a Alfredo Lara

SON UNOS ASOCIALES, unos aventureros
que encuentran en la caza del hombre (y la mujer)
su razón de existir, el único motivo
para no despedirse de este mundo
con las manos desnudas y apagadas.
El dios de Tewp es la justicia. A Gärensen
lo guía una pulsión de ciencia, de cultura.
Pero juntos —los dos: el monje y el bibliófilo,
el asceta y el sabio libertino— reúnen
todo el valor de la epopeya antigua,
la desmedida fe del heroísmo.
Y la mediocridad circundante se rinde
a la mirada lúcida que brota de sus ojos,
vacíos de temor y de esperanza.

Y, al contrario de quien les dedica estos versos,
Tewp y Gärensen son inmortales: no enferman,
no duermen, no se cansan, no envejecen,
no se deprimen ni se aburren nunca.

Poema para Sonia

TODAS LAS VIDAS son muy complicadas.
También la tuya, Sonia, por supuesto.
Y todos hemos sido alguna vez
gorditos y gafotas, con los dientes
torcidos, empollones, insufribles.
Tú que tienes la suerte de hablar alto
y claro y de que no te da vergüenza
hablar de sentimientos y pasiones,
olvida tus responsabilidades
por un momento y piensa qué pecado
cometiste para no ser feliz.
Y cuando identifiques ese error,
mirándote por dentro, retrocede,
detén la imagen de tu pifia, trata

de subsanarla y, luego, échate a andar
hacia el país en que tus decisiones
se dejen convencer por el deseo,
no por la realidad (que es tan obtusa
como un lápiz sin punta), y en que llegues
a ser feliz siquiera por un rato,
sin complejos ni trabas, seducida
por el dios del amor y la belleza.

Me acuerdo de…
(2012, 1)

Luna llena

La luna se coló por mi ventana
la otra noche, y pensé que si sus luces
te enfocaran a ti, no habría cruces
ni dolor para mí por la mañana.

Contigo al lado, toda la semana
sería viernes y caer de bruces
sobre tu cuerpo, desde el que conduces
el mío adonde a ti te da la gana.

Sé buena, deja que la luna viaje
con su marfil por tu reloj de arena,
desnudo de cualquier tipo de traje.

Que pienso prepararme una gran cena
con el fulgor que de la luna baje
a acampar en tus muslos de azucena.

Cucharada

Qué *démodée*, qué antigua, qué infantil,
qué gráfica y qué húmeda,
qué prescrita, qué ingenua, qué sabrosa,
qué amarga casi siempre,
qué entrañable resuena en mi memoria,
cada vez que la evoco,
la mágica palabra 'cucharada'.

Apología de los clásicos

a Daniel Migueláñez

Nos IDENTIFICAMOS con los clásicos.
Siempre tendemos a reconocernos
en lo mejor de aquello que se encuentra
más allá de nosotros, en el reino
de los modelos y los arquetipos,
aunque lo mejor sea lo terrible
y albergue nombres como Yago, Rávana,
Bósola, Hagen, Alí Kan o Svimtus
(pero sin renunciar a Otelo, Rama,
la Duquesa de Malfi, Sigurd-Siegfried,
el Guerrero con máscara o Roberto).
¡Nos divertimos tanto con los clásicos!
Su tiempo no es el de la muerte. Viven
en el Tiempo sin tiempo de los mitos

nuestros queridos clásicos, un Tiempo
que ilumina la cárcel de la vida
y regala modelos exclusivos
para enseñar, felices, a la gente
que nos rodea —padres, hijos, nietos—,
burlando así la angustia cotidiana
y saciando la sed de maravillas
que nos caracteriza como humanos.
Los clásicos ayudan a vivir,
y a morir, y a olvidar nuestras miserias,
y a no perdernos por el laberinto
sin Teseo ni Ariadna que es el mundo.

Dulce Carmilla

a Eduardo Calvo

Son dos chicas muy jóvenes (aunque una
tenga doscientos años más que la otra).
Se quieren. Se codician. El terror
siempre ha sido una excusa inmejorable
para mostrarnos ciertas situaciones
que la moral tradicional no acepta
más que dentro de la literatura.
Carmilla muerde un poco cada noche,
para que no se extinga su deseo.
Lo hace con sutileza, con morosa
delectación, sin tiempo, sin un ápice
de manipulación, con la sorpresa
de descubrirse en Laura, de *ser* Laura
(con un par, eso sí, de siglos menos).

Y es que Carmilla pierde la cabeza
por las *otras* que son, también, Carmilla,
lánguidas como ella, tan románticas
o más que Doña Inés y Gretchen juntas.
¿Habrá detrás de tal predilección
por sus dobles alguna turbia historia
que echara por la borda su inocencia?
Quiero decir si allá por la segunda
mitad del siglo XVII tuvo
una mala experiencia con su padre
(o con su tío, o con un primo hermano)
que infundiera en su alma un odio eterno
hacia lo masculino y la empujase
definitivamente al tribadismo.
Qué más da. Lo que importa es el amor
que le transmite Laura (o sea, ella misma),
y en sus planes eróticos se instala
un sentimiento de autodestrucción,
como les pasa a todos los amantes
de sí mismos (e incluyo a los psicópatas
en esta vil estirpe de narcisos).
Cuanto más se enamoran del fantasma

que ven en el espejo, más se vengan
del prójimo, buscándose y buscándose
sin encontrarse nunca, mensajeros
de la amargura y la desesperanza.

Soneto del olifante

¡Un olifante, pronto, que me muero!
Debí hacerlo sonar cuando las cosas
aún no estaban tan mal, y las baldosas
amarillas guiaban al viajero.

¡Sacadme de este sórdido agujero!
¡Quitadme estas cadenas espantosas!
Duro es vivir sin dioses y sin diosas,
de la abyecta razón vil prisionero.

Si me proporcionáis ese olifante
tal vez vuelva la fe a mi templo en ruinas,
vieja y nueva a la vez, desafiante.

Y quizá halle cobijo en las divinas
enseñanzas del mórbido habitante
de la cruz, rey de reyes y de espinas.

Un dinosaurio en mi alcoba

¿QUÉ HACE esta criatura de otra era
encima de mi cama? Es una cría
que acaba de romper su cascarón,
pero ya mide un metro por lo menos.
Los ositos azules de la colcha
tiemblan de miedo por si al dinosaurio
le da por devorarlos. Están fuera
mis padres, y no existen los teléfonos
móviles, de manera que no hay forma
de conseguir ayuda en este trance
tan absurdo. Me siento en la butaca
de enfrente de la cama y le pregunto
al dinosaurio cuánto tiempo piensa
quedarse. Me responde con los ojos

húmedos todavía por la baba
del huevo recién roto. Su mirada
pide clemencia, compasión, un guiño
de solidaridad, quizá un abrazo.
Se lo propino. Tiene unas escamas
que me cortan la piel, pero lo acepto
en plan prueba iniciática. Me dice,
telepáticamente, que está solo
en el mundo, que no sabe quién soy yo,
pero que le parezco muy amable.
En ese punto tan conmovedor
del sueño, desperté. Miré en mi torno:
ni rastro del pequeño dinosaurio.

Me acuerdo de...

ME ACUERDO DE los *aurea dicta* de Borges
que me contaba Marcos Barnatán.
Me acuerdo de la tienda de tebeos que había
en Hermanos Miralles hace cincuenta años.
Me acuerdo de Dale Arden de espaldas, embutida
en un traje de noche deslumbrante.
Me acuerdo de las viejas láminas de Araluce,
vistas al alimón con una prima rubia
que vivía en Barcelona.
Me acuerdo del pelmazo de Proust
siempre que desayuno magdalenas.
Me acuerdo de que Rita Macau nunca llevaba
el Lacoste con el cuello levantado.
Me acuerdo de Jacqueline Sassard

en *Los Titanes*, una coproducción francoitaliana
que me encantó de niño.
Me acuerdo de que un profe del colegio
nos dio una charla sobre el *Macbeth* de Shakespeare
copiada, letra a letra, de Víctor Hugo.
Me acuerdo de que a Álvaro, para que no llorase
y se durmiese pronto, le leía
«La canción del pirata» de Espronceda
en la edición romántica de la imprenta de Yenes.
Me acuerdo de que Inés,
cuando era muy pequeña,
quería ser Dorita, la de *El mago de Oz*,
y tener un perrito como Totó.
Me acuerdo de mi madre a todas horas.

San Luis Gonzaga

ME CAE BIEN mi patrono: murió a los veintitrés
años, y como era de muy buena familia
lo hicieron santo pronto. No tuvo relación
con el sexo en su vida, que fue una enciclopedia
de pureza, una *summa* de honestidades varias.
Casto fue Luis Gonzaga, en efecto, por mucho
que nos cuente un hagiógrafo que llevaba cilicio
debajo de la ropa y se ponía púas
encima de la cama donde dormía para
martirizarse (al modo de los gimnosofistas).
Con él la castidad adquiere un pedigrí
que la hace deseable. Hay drogas que ennoblecen,
por raro que parezca, a quien las usa.

·

Príncipes de la noche
(2012, II)

Amós, 5, 21-24

No AGUANTO vuestras máscaras de fiesta,
ni vuestras noches locas y vacías,
ni vuestros himnos sacros, ni las caras
de ignorancia y simpleza que ponéis
al celebrar vuestras solemnidades.
No me invitéis a nada. Nunca iré
a vuestras reuniones gastronómicas,
ni a vuestros *parties* desequilibrados.
No quiero oír el son de vuestras voces
maliciosas, ni el ruido insoportable
de vuestros instrumentos. Solo quiero
que la justicia y el derecho fluyan
para todos nosotros como el agua
en torrente perenne, como un río

robusto y caudaloso que no vierta
su cauce —ni una gota— en la maldita,
parcial e improcedente realidad.

Corrigiendo a Safo

Safo decía que lo más hermoso
no era un tropel ecuestre, ni una línea
de hoplitas bien armados, ni una escuadra
de navíos de guerra, ni el *First Folio*,
sino el objeto deseado. ¡Lástima
grande que confundiera la belleza
—permanente, objetiva— con un simple,
despreciable y efímero deseo!

Príncipes de la noche

La NOCHE es un trasunto de la muerte
hoy como ayer, cuando la luz eléctrica
aún no martirizaba las ciudades
con su fulgor apócrifo.
Sí es cierto, sin embargo, que esa luz
artificial transmite a los noctámbulos
valor y atrevimiento en cantidades
industriales (y nunca mejor dicho),
los mismos que prestaban a los héroes antiguos
un acero templado por el herrero Wieland
o una lanza forjada por Hefesto.
Yo creo que, de noche, mis colegas
de especie —ellos y ellas— deberían rezar
una oración a Crom, el dios salvaje

de Conan, escuchar los viejos mitos
de labios del chamán y, luego, arrebujados
en la piel del antílope que cazaron la víspera,
dormirse como ángeles.
Pero no me hacen caso:
mi ciudad está llena de intrépidos vampiros
que no rezan a Crom, ni oyen historias
al amor de la lumbre, ni se duermen
tranquilos y agotados cuando la luz del día
se apaga. Son los príncipes de la noche, los reyes
del abismo. Se inyectan en el alma
la oscuridad de un Tiempo con mayúscula
que elude los relojes
y, a la vez, nos anuncian con sus gestos
crispados y automáticos
la vanidad de todo.

Sueño de la chica ornitófila

COLECCIONABA pájaros de niña
(quizá porque sabía que las aves
descienden de los fieros dinosaurios
y ella quería ser tan feroz como ellos).
Ahora sueña con pájaros.
Ahí la tenéis, durmiendo boca arriba,
con su pijama blanco de ribetes azules,
protegida por sus animalitos
de peluche y la casa de muñecas
que le fue construyendo, poco a poco, su abuelo.
De pronto, se estremece: está soñando
con su ave favorita, que le canta
desde un extremo de la cama. Dentro
del sueño, la muchacha y su galán

se ven súbitamente arrebatados
por un furioso vendaval en forma
de seta, un huracán que apenas dura
un instante, pasado el cual la chica
se da cuenta de que su amigo el pájaro
ha desaparecido, y de que el dormitorio
no tiene ahora puerta ni ventanas
que comuniquen con el exterior.
La música del pájaro persiste,
y ella lo escucha como antes, pero
sin poder compartir con el cantor
picotazos, visión, tacto, palabras,
esas cosas normales que suceden
en sueños entre chicas ornitófilas
y pájaros donjuanes. Sin embargo,
todo termina bien, porque en el punto
culminante del sueño, cuando ella,
desesperada, en plena claustrofobia,
piensa ya en suicidarse, se produce
un milagro, pues hete aquí que el pájaro,
que es algo brujo, se teletransporta,
no sé cómo, al regazo apetitoso

que lo espera debajo de las sábanas
y se queda a vivir allí un segundo,
que para la muchacha es un milenio
(por lo menos), sumida como está
en su alucinación, en su extravío.

Panteísmo

«TODO SE AGRUPA en torno a lo real»,
dice el protagonista de *Lord Valentine's Castle*,
la espléndida novela de Robert Silverberg.
Todo, al fin y a la postre, forma parte
de esa «armonía eterna y sin fisuras»
de la que habla Walt Whitman.
Y yo aquí,
más de sesenta años después,
sin enterarme.

Consolatio ad se ipsum

CUANDO TE VEO triste y melancólico,
próximo ya a la ruina cenicienta,
me permito decirte (en estos versos,
porque a la cara no me atrevería)
que aún respiras (lo que es inevitable
cuando se sigue vivo), que hay películas
todavía que ver, y geologías
caprichosas y océanos en llamas
y tesoros escitas y crepúsculos
que admirar, y novelas que leer,
y connivencias mágicas, y copas
feéricas que apurar. Y aunque no haya
emociones fortísimas, pasiones
consuntivas ni tíos en América

esperando a las puertas del futuro,
hay que intentar vivir hasta la última
bocanada de aire en los pulmones
sin perder la esperanza, sin hundirse
demasiado, sabiendo que la vida
es un horror, y que termina siempre
fatal, y que el silencio está al acecho,
y que la enfermedad nos va minando,
pero que hay que vivir la decadencia
con buen humor, que nuestro *praedicabilis*
no es otro que la risa —acuérdate
de los viejos autores escolásticos—,
por más que nuestro *proprium* sean las lágrimas.

Melancolía

La bilis negra es vieja como el hombre.
Para intentar vencerla, viene bien
que te lo tomes todo en positivo:
si luce un sol espléndido en el cielo,
disfruta con sus rayos, aunque hieran,
y si el día es tan gris como un fantasma
brumoso, siéntelo como si fuese
de tu familia y adivina en él
los ojos grises de tu amada muerta.
Cualquier cosa está bien con tal que no
te conviertas en siervo de la murria:
coleccionar novelas de Jack London
o *Weird Tales* de los 20 y de los 30,
mirar cuadros de Friedrich, o de Raeburn,

o de Paolo Uccello, fumar hojas
de hierba con Walt Whitman...
No dejes de invocar a la Belleza
con un conjuro de los de *Embrujada*,
para que venga Elizabeth Montgomery
y borre con su goma salvadora
los horribles *graffiti*
de tu melancolía.

La otra noche,
después de la Movida
(2012, III)

La otra noche, después de la Movida

a la memoria de Fernando González de Canales

HAY MOMENTOS que brillan tanto, que hasta podrían
quemarte las pupilas si los miras de frente
durante mucho rato. Goethe, que de momentos
brillantes lo sabía casi todo, murió
pidiendo luz (o, al menos, eso cuentan las crónicas),
pues nunca nos cansamos de pedir luz a gritos
cuando avanzan las sombras. Uno de esos instantes
que te ciegan los ojos de tanto resplandor
fueron los cinco años que duró la Movida
madrileña, allá por los últimos setenta
y primeros ochenta del siglo XX. Entonces,
de repente, Madrid, como si hubiese visto,
grabados a cuchillo, en el tronco de un árbol,
felizmente enlazados, los nombres de su novia

y su rival, se puso furioso como Orlando
y perdió los papeles del viejo casticismo,
fundando la costumbre de caminar al borde
del barranco, que eso es lo que para mí,
tantos años después, supuso la Movida.
Fue un tiempo mitológico, arquetípico, insano,
en el que se cruzaban los puentes que separan
la tediosa razón de la alegre demencia
como si fuesen sólidas pasarelas de mármol
y no hubiese feroces cocodrilos abajo.
El que tuvo la culpa de todo fue mi amigo
Fernando. Me llevaba a locales de moda,
como *El Sol* o *Pachá* o *Rock-Ola* o *La Vía
Láctea*. Me desvelaba los secretos de Blondie,
de los Pretenders, Pete Townsend y Michael Moorcock
de Christo y de Paul Roberts, David Lynch y Andy Warhol.
Con todos esos nombres propios en la cabeza,
lo suyo era acabar metiéndose en un lío.
Después de introducirme en todo ese barullo,
Fernando me animó a que escribiera letras
para la Orquesta Mondragón, y tanto caso
le hice que surgieron de aquello muchos temas,

como *Caperucita* o *Viaje con nosotros*,
que marcaron tendencia. Visto desde la cómoda
barrera del letrismo, el rock hizo que un tipo
como yo —un helenista podrido de saberes
pretéritos— abriera las puertas del futuro,
dejase por un rato sus libros y sus cómics,
se asomara a la calle, rebosante de monstruos,
y viese lo que hacían esos monstruos ahí fuera.
No hubo local de moda que estos pies no pisaran,
ni sensación, por fuerte o terrible que fuese,
que esta pobre alma mía, enganchada al tormento
de la curiosidad, renunciase a probar.
Y es que Madrid bullía como un caldero mágico
en aquellos felices años en que *La Luna*
dio a las prensas su número 0, donde estuvimos
casi todos, y todo contribuía a hacer
del mundo un lugar menos aburrido y más loco
y de la enfermedad del vivir una absurda,
dulce e improductiva convalecencia eterna.
Y mientras tanto yo escribía poemas
que no se parecían en nada a los de antes
y que, en un cóctel raro, mezclaban clasicismo

con cotidianidad, dejando que la vida
y la cultura fuesen cogidas de la mano
en sus versos y, a veces, hasta dándose el pico.
Éramos *post*modernos entonces (y subrayo
el prefijo). Asumiendo que íbamos de eso
y que quizá algún día nos dé por regresar
a lo mismo, la cosa es que a los que quedamos
de aquella Edad de Oro nos ha dado, cumplidos
los sesenta, por ir de *pre*modernos. Y esa
variación de sufijo nos da muchos problemas,
pues nuestra nueva *phýsis* es aún más subversiva
que la anterior y, a poco que bajemos la guardia.
nos va a borrar la bofia de un plumazo.

La brisa de la calle

SENTADO en tu butaca favorita,
frente a una acogedora chimenea
donde crepitan unos cuantos troncos
de leña, piensas en el más allá
de tu puerta blindada y de tus libros.
¿Existe algo, *realmente*, al margen
de las cuatro paredes de tu casa?
Siempre te ha estimulado lo fantástico.
Siempre has visto la vida por el ojo
de la literatura. Pero nunca has sabido
cómo es el exterior (si es que lo hay),
por falta de interés o de coraje.
Para subsanar esa deficiencia,
basta con que uno de estos días

abras la puerta y las ventanas
y compruebes que hay vida por ahí fuera:
criaturas fantásticas y monstruos
que ni siquiera Machen hubiese imaginado
en sus más desquiciadas pesadillas,
heroínas más rubias que las de tus lecturas,
héroes más generosos con los débiles
que los de tus tebeos,
villanos más crueles que los de la pantalla.
Aunque pienses que no vale la pena
o te dé miedo hacerlo,
permite que la luz de lo real
entre en tu corazón,
deja que te acaricie con su brisa
la verdad sin rodeos de la calle.

Abril

Qué TENDRÁ abril —con su caballo blanco,
su arco y sus flechas y sus sonrosadas
mejillas, con sus campos guarnecidos
de flores y de pólenes, y sus aves
canoras, su deshielo, sus promesas
de amor y vida eterna, sus colores
y su parafernalia de costumbre—
para que Juan Ramón hable de él tanto,
Eliot escriba que es el mes más cruel
y a mí —y hablo en sentido literal—
me guillotine la respiración.

Yo no quiero ser rey

«REY ES quien nada teme,
rey es aquel que no desea nada»,
decía el viejo Séneca.
Yo no quiero ser rey.
Ni de viejo me atrae la monarquía.
Soy y seré hasta el día de mi muerte
un cóctel de temores y deseos.

Basura genética

Durante tres milenios los tipos más valiosos,
más fuertes y más listos de la especie
—la flor y nata de la juventud—
se fueron a la guerra
y murieron sin gloria
en los remotos campos de batalla,
mientras que los enfermos y los débiles,
los corruptos y los cobardes
se quedaban en casa y se reproducían.
De ahí venimos nosotros.
Llevamos tres milenios perdiendo a los mejores
para que los inútiles
salven la vida y sigan engendrando.
Por eso somos todos,

treinta siglos después,
lo peor de cada tribu:
desperdicios, basura irreciclable.

Caperucita Feroz

CUANDO LA DULCE niña se desnuda
y se mete en la cama con el lobo
—que lleva el camisón de la abuelita—,
todos pensamos que en el fondo quiere
que el animal consume el sacrificio,
porque nadie con ojos en la cara
podría confundir a un lobo fiero
con una vieja chocha, y menos alguien
como Caperucita, que es la nieta
de la vieja en cuestión. De forma y modo
que hay que dejarse ya de tonterías
y llegar a la misma conclusión
que Bruno Bettelheim en *Psicoanálisis
de los cuentos de hadas*, a saber,

que, al meterse en la cama *motu proprio*
y no hacer movimiento para huir,
lo que quiere la niña es acostarse
con la bestia, ofrecerle lo que tiene
—que no es solo la roja caperuza,
el pastel y el tarrito de manteca—
y acabar convirtiéndose en mujer.

Le jour sort de la nuit comme d'une victoire

EPICURO Y SU PIARA lo tenían muy claro:
ni temor a los dioses, ni temor a la muerte.
Y no es que los dioses no existan. Es que son
tan perfectos que están más allá del alcance
del hombre y de su mundo. Existen, sí,
pero no se preocupan de las cosas humanas.
Y de la muerte qué decirte. Si estás vivo,
no tienes sensación de estar muerto, y si has muerto
no tienes sensación alguna. ¿Por qué entonces
ibas a preocuparte de la muerte? Vivir
cada mañana como un triunfo, una victoria:
ahí tienes el camino que conduce a la calma.
Tenemos que arrancar cada día del sueño
con el motor a punto y la ilusión incólume,

recién lavados en la sangre de un dragón
al que hemos dado muerte con nuestras propias manos.
Mientras ese dragón hecho de oscuridad
vuelve a juntar los mil y un pedacitos
en que lo hemos mudado por unas cuantas horas,
hay tiempo suficiente para saborear
el triunfo de estar vivos.

Vejez

Ahora que he sentido los primeros manotazos
del súbito orangután pardo de mi vejez...

DÁMASO ALONSO

ERA UN VERSO, uno solo, de esos versos larguísimos
de *Hijos de la ira*. Se me quedó grabado
premonitoriamente. Mira que me caen bien
nuestros hermanos los orangutanes.
No entiendo por qué Dámaso los sacó a colación
tan temprano (no había cumplido los cincuenta).
Pero el caso es que ahora siento sus manotazos
en todo el cuerpo, y han perdido para mí
aquel *glamour* fraterno que tuvieron un día,
cuando el mundo era un álbum de cromos de animales
y no esta decadencia que precede a la muerte.

Diálogo entre el señor y el esclavo

para Alfonso Lucini y Carmen Serrano de Haro

—Esclavo, ¿estás ahí?

—Aquí estoy, mi señor.

—Amaré a una mujer.

—Harás muy bien, señor. Quien ama a una mujer
se olvida del dolor y la desgracia.

—No, esclavo, no amaré a una mujer.

—Harás muy bien, señor. La mujer es un pozo
donde se ahogan los guerreros,
una daga que corta el cuello de los hombres.

—Esclavo, me propongo
oficiar sacrificios en honor de mi dios.

—Hazlo así, mi señor. La piedad con los dioses
es el camino a la felicidad.

—No, esclavo, no lo haré.
—No lo hagas, señor. Es tu dios quien tendría
que oficiar sacrificios en tu honor
y seguirte allá donde vayas,
como sigue el perro a su amo.
—Haré, esclavo, algo útil por mi país.
—Hazlo, mi señor, hazlo. Las obras que alguien hace
por su país se guardan para siempre
en la memoria de los dioses.
—No, esclavo, no haré nada útil por mi país.
—No lo hagas, señor. Súbete a los montones
de viejas ruinas y recórrelos;
mira las calaveras de los muertos:
¿cuál de ellos es un malhechor,
cuál un benefactor de su país?
—Después de todo, esclavo, ¿qué es lo bueno?
Tal vez romper tu cuello y, luego, suicidarme,
y arrojar tu cabeza y la mía a ese río.
—¿Quién es tan alto, mi señor, que alcance
el cielo? ¿Quién tan ancho para abrazar la tierra?
—No, esclavo, no me mataré.
Te mataré tan solo a ti, y te enviaré

como heraldo al País del que Nadie Regresa.
—Si me matas, señor,
¿vas a poder vivir sin mí a tu lado?

Ante el espejo

OFRECES un aspecto deplorable
ante el espejo, con la piel barrosa
y surcada de arrugas, con los ojos
febriles y agotados. Cada vez
que un adulto se mira en el espejo
a partir de una cierta edad, la impía
y vil Naturaleza lo reclama
al mundo del olvido, donde reina
la noche. Eso te pasa a ti ahora mismo.

Sobre un endecasílabo
de José Alcalá-Zamora

*E*STE PUNTO *de luz breve que soy*
brilla en la oscuridad de mi condena
como un foco que alumbra la gangrena
que pudre mi contacto con el hoy.

El último destello se lo doy
al origen y causa de mi pena:
la cruel y melancólica sirena
de la que vengo y hacia la que voy.

Quiero beber su hipnótico beleño
el poco tiempo que me queda, hundirme
en el abismo de su vanidad

y cautivo en los pliegues de su ceño,
vivir en sus despojos, confundirme
con el tormento de su soledad.

Hero y Leandro
(2012, IV)

El aire de tus versos

a la memoria de Blas de Otero

EL AIRE ERA la vida en tu soneto
de Leganés, y ahora ya no hay aire
donde vives, maestro. No hay manera
de respirar allí donde tú mueres.
El aire se ha largado con su soplo
a otra parte. Y no sirve para nada
alzar las manos contra el firmamento,
ni formular preguntas al vacío.
Pero los ruiseñores de tu canto,
ellos sí, vivirán eternamente.
Se lo dijo Calímaco a un poeta
que murió antes de tiempo, y eso vale
para ti, Blas de Otero. La poesía

que araña sombras para ver a Dios
termina viendo a Dios y respirando
el aire inmarchitable de tus versos.

Ingres

«La calma constituye la belleza del cuerpo,
de la misma manera que la sabiduría
es la expresión más alta del espíritu».
Los desnudos de Ingres son tranquilos
y sabios. No reciben el mensaje
de nuestra angustia y de nuestra ignorancia.
Como el mamut en la montaña gélida,
como el insecto arcaico en la gota de ámbar,
como las momias de los faraones,
esos cuerpos gloriosos fueron embalsamados
para siempre, y su autor les concedió
una serena permanencia: esa
armonía feliz con que se exhiben
ante nuestro deseo insatisfecho.

Víctor Hugo

Sɪ ʜᴀʏ un gigante agazapado
en los desfiladeros más heroicos
de mi memoria adolescente,
ese es, sin duda, Víctor Hugo.
Empecé a traducir *La Légende des siècles*
cuando tenía quince años
(no llegaría al centenar de versos).
En sus alejandrinos descubrí el mismo pulso
épico que en Homero o en la *Edda
Mayor*, y aprendí a amar el folletín
en sus enloquecidos novelones
—*L'Homme qui rit* sobre todos—,
y me perdí en la selva delirante
de su asombroso ensayo sobre Shakespeare.

En la obra de Hugo se respira
el perfume del mito,
que es el aroma de lo eterno.
Me regaló un asombro milenario,
exento de preguntas insidiosas,
que todavía hoy circula por mis venas.
Un verso inolvidable de su *Booz endormi*
hizo triunfantes mis mañanas tristes.

Edgar Allan Poe

HACE MÁS de doscientos años que vino al mundo
y sigue igual de joven que cuando estaba vivo.
Dijo Cortázar de él que ignoraba el diálogo,
e incluso la presencia del otro, lo que implica
absoluta carencia de empatía social.
Pero en literatura nos tiene sin cuidado
lo que no sea texto, y poco importa
que su autor sea un santo o un demonio,
un politoxicómano o un ángel.
Sí importa, en cambio —por citar tres casos
de directos discípulos de Poe—,
que Melville inventara *Moby Dick*
a partir de la extraña criatura blanquísima
que clausura el relato de Arturo Gordon Pym,

o que las pesadillas de Lovecraft se forjaran
sobre las de Edgar, o que Baudelaire
tradujera al francés su prosa en cinco entregas
que lo harían famoso en toda Europa.
¡Larga vida al psicópata de Boston!
Los que van a morir te saludan, maestro,
y aplauden el malsano narcisismo
que te ha instalado en la inmortalidad.

Martí y mi bisabuelo

MI BISABUELO Carlos Luis de Cuenca
fue compañero de José Martí
en las aulas de la Universidad
Central, cuando el autor de *Versos libres*
llegó a Madrid, en el 71.
Pasó un cuarto de siglo
y, a raíz de la muerte del cubano,
el español le dedicó un soneto
subrayando su doble condición
de escritor y de padre de la patria
y recordando —él bien lo conocía—
el amor que Martí sentía a la vez
por Cuba y por España (aunque unas balas
españolas segaran su existencia).

Los antiguos estoicos predicaron
la doctrina del cosmopolitismo,
y amar a España y Cuba al mismo tiempo
era una forma entonces,
a finales del siglo XIX,
de ser cosmopolita.
En cambio ahora, en la España
desvertebrada y rota
de la segunda década del siglo XXI,
la gente es solo de su aldea,
si es que es de alguna parte.

Recuerdo de Lee Miller

De todas las mujeres de Man Ray
(¡y mira que las hubo!)
me quedo con Lee Miller.
Hay una foto de ella, titulada *Dibujos
de sombras sobre el torso de Lee*, que me fascina.
Pero Lee no era solo modelo. Fue también
una genial fotógrafa. Como corresponsal
de guerra, en el declive del nazismo,
se hizo un sensacional autorretrato,
desnuda, en la bañera que Adolf Hitler
tenía en Prinzregentenstraße, en Múnich.
Veo en ella a la Bella frotándose la espalda,
indiferente a todo lo que no sea higiene,
en la guarida de la Bestia.

Homenaje a Sir Henry
Rider Haggard

Los MORTALES estamos hechos de veinte piezas:
diecinueve salvajes y una civilizada.
Debemos atender a esas piezas salvajes
si queremos saber de verdad quiénes somos.
La civilización es solo vanidad:
como la luz del Norte,
se limita tan solo a ensombrecer la tierra
y a dejarnos el cielo más oscuro.

Claridad

LOS POETAS más oscuros —Licofrón,
Góngora, Mallarmé— son transparentes
en el fondo, aunque cueste mucho más entenderlos
del todo que a Catulo, a Petrarca, a Verlaine.
Si amas la poesía, amas la claridad.
El objeto de la literatura
no es inventar enigmas para iniciados cursis.
Su meta es reflejar los anhelos, angustias
y emociones reales de la especie
en un espejo imaginario.
Y hacerlo de la forma más nítida posible.

Hero y Leandro

De modo que Leandro se enamora
de Hero, sacerdotisa de Afrodita,
que ha sido destinada por sus padres
a la virginidad (¡si ellos supieran!).
Y para transgredir esa norma y dar cauce
a sus calenturientas fantasías,
no tiene más remedio que atravesar a nado,
de noche, el Helesponto, alumbrándole ella
con una antorcha desde la torre en la que vive.
Ese es Leandro: un chico de excelente familia
que no hace lo que debe. Conozco infinidad
de jovencitas griegas que hubiesen cancelado
sus vacaciones en Egipto por

una sola mirada de sus ojazos glaucos.
Pero él, erre que erre, loco por esa monja
desgarbada que vive en una torre
(como la Delgadina del romance),
porque él no es un burgués como sus compañeros
de colegio, sino uno de esos *poètes maudits*
que aspiran a morir jóvenes, para hacerse
un hueco en la *Britannica* y en Google.

Hay que decir que Hero recibió
los primeros poemas incendiarios
de Leandro con sana indiferencia
y con no poca sorna, pues no había
una sílaba larga ni una breve en su sitio.
Pero el galán, consciente de que el verso
no bastaba, acudió a la prosa del talle
—era bastante guapo— y consiguió llevársela
a la cama una noche que Hero pasó en Abidos
(donde vivía Leandro) con motivo de una
procesión en honor (cómo no) de Afrodita.

II

EL AMOR Y LA MUERTE. Ahí los tenéis, bailando
muy juntos y agarrados, muy patéticos,
frotándose y lamiéndose con fruición, como si
estuviesen posando para hacer las delicias
de un vecino rijoso. Él, Leandro, la abraza
con furia, desgreñado de algas y salitre,
empapado de mar y de deseo.
Ella, Hero, la novicia desgarbada de ayer,
está maravillosa: es una de esas chicas
que cuando pierden la virginidad
pierden la timidez y la vergüenza,
y da gusto mirar su mirada insaciable,
sus curvas y esa piel tan pálida y tan sexy:
parece una odalisca de Ingres o de Fortuny,
o una novia de Drácula.
                    Era su última noche
antes de la tormenta. Por poco se mataron
a besos y mordiscos antes de tiempo. Se
despidieron aún húmedos, sabiendo
que la próxima noche ya no estarían juntos,

que la inmortalidad de su amor se pagaba
con la muerte de ambos,
con su mutuo y supremo sacrificio.

Amor indestructible
(2012, V)

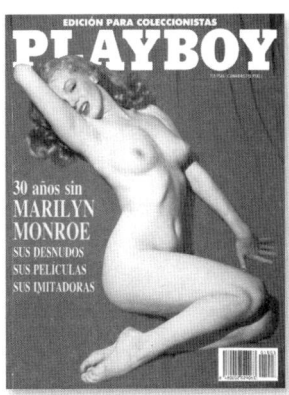

El falsificador de moneda

TENDRÍAS QUE DECIRLE: «Tu caballero andante
se jubiló, San Jorge se fue de vacaciones
por tiempo indefinido, lo mejor ha pasado
y lo peor está por llegar».
Pero sabes que no vas a decírselo
y que, en lugar de darle un par de bofetadas,
para que se le caiga el velo de los ojos
de una maldita vez, pondrás tu mano
sobre su hombro o le pellizcarás,
fraternal, la mejilla,
llenando así la bolsa de su desvalimiento
con tus falsas monedas.

Cuesta creerlo

CUESTA CREER que el incendio inextinguible
de tu melena al viento morirá,
como mueren las rosas, y que entonces
emergerá la hermosa calavera
que siempre hubo debajo, maquillada
con tendones y músculos y piel,
y que mi cráneo no estará a tu lado.

Febrero de 1997

Quince años después, la melodía
universal aquella de los contestadores
automáticos que ardían al unísono,
y los gritos de gozo de aquel mundo
en que el viento tronchaba las pelucas
con que la sensatez disimulaba
su calvicie moral, siguen sonando
en mi memoria como la canción de mi vida,
esa que aún tarareo y nunca olvidaré.

Eva presente

LLEGASTE DESDE el mar —como Afrodita—,
de la luna soñada por Cyrano
o de un pasaje opiáceo de Gautier,
quién sabe desde dónde.
Y me dijiste
que no eras de este mundo,
que odiabas la traición y la mentira
y que, en cualquier momento,
podías desaparecer.
Y entonces Dios,
que había imaginado el paraíso
bajo la especie de tu cuerpo,
te confió a mis brazos para siempre.

Amor y Psique

No SE TE ocurre imaginar
cómo puedes haber llegado
a tan absurda situación.
Te despiertas por la mañana
y descubres que ya no están
los muebles de tu dormitorio,
que no hay luz por ninguna parte,
que no hay libros en las paredes,
que hasta la huella de ese cuerpo
maravilloso que dormía
en tu cama, anoche, contigo
se ha desvanecido en el aire.

La mujer de mis sueños

AFRODITA sin velos, Diana cazadora,
sultana de Bagdad y castellana
de época carolingia: una mezcla
explosiva que, para Chateaubriand,
entre los dieciséis y los dieciocho años,
cuando aún vivía en el castillo de Combourg,
suponía la imagen ideal de mujer.
Cuánta sensualidad adolescente
revela esa elección.
A mí me basta ahora,
a los sesenta y uno,
con la cuarta del lote: la dama carolingia.
Una marquesa viuda, por ejemplo,
con castillo en el *limes* oriental,

rodeada de fieros magiares y sajones.
amiga de los perros y de las cacerías,
devota de bufones y juglares
y bien relacionada —eso sí— con la corte
de Aquisgrán. No me importa
que ronde los cuarenta,
que haya perdido dientes y dureza de carnes,
que ya no sea fértil.
Pero debe tener unos cabellos rubios
tachonados de plata, y unos ojos
grises como la niebla, y unas manos
fuertes y delicadas a la vez,
hechas para el telar, la caricia o la guerra.
Y saber de memoria
el *carmen* que Angilberto dedica a Carlomagno.

Soneto amoroso con estrambote, enmendando la plana a Cecco Angiolieri

Si FUESE fuego, te calentaría
(y hasta te encendería el cigarrillo).
Si fuese viento te daría brillo
besándote, y tu pelo rizaría.

Si fuese mar, mis olas te daría
para que protegieran tu castillo.
Si fuese Dios, me haría en ti un ovillo
y a tu imagen el mundo crearía.

Si fuese papa, te convertiría
en papisa. Si fuese emperador,
reina del orbe te proclamaría.

Si fuese muerte, todo tu dolor
y toda tu tristeza mataría
y no me acercaría a ti, mi amor.

Si fuese Luis Alberto, que lo soy,
serías para mí la noche, el día,
el mañana, el ayer, el siempre, el hoy.

Su llanto

No HABÍA VISTO nunca una sonrisa
tan rara como aquella. Le temblaba
el mundo en la sonrisa. Y el temblor
se volvió llanto de repente, un llanto
desesperado, lacerante, cruel,
negro como una cárcel sin ventanas,
arrollador, irreprimible. Un llanto
que yo nunca podría comprender,
que yo nunca sabría consolar.

Su marido

Dormía boca abajo, en posición
fetal, y se diría que soñaba,
porque se estremecía como si
un incubo terrible la habitase
contra su voluntad. Se dio la vuelta,
abrió los ojos, y la pesadilla
se hizo real en su mirada turbia.
pues el monstruo seguía allí, desnudo
junto a ella, al otro lado de la cama.

Su cuerpo

PERMANECIÓ de pie junto a la puerta,
vestida solo con una toalla
ceñida al cuerpo. Me miraba como
si quisiera que yo la devorase,
y eso acabó con mi resaca: el día
no podía empezar mejor. Me dijo:
«Me gustas mucho». «¿Hasta qué punto?», dije.
«Hasta este punto», dijo, y la toalla
cayó al suelo. Y la charla terminó.

Lo sagrado

EL MAQUILLAJE es sospechoso siempre.
Tú, recién levantada de la cama,
sin nada que no sea tu glorioso
cuerpo gastado por las decepciones
y por los desengaños, pero erguido
como un árbol al viento de la vida
que se lo lleva todo por delante:
esa es mi religión, esa es la única
visión de lo sagrado que conozco.

Su veneno

CUANDO BESÓ mi piel, junto al vendaje
de la cadera, una descarga eléctrica
me sacudió por dentro. Me sentí
como debió sentirse el viejo olmo
herido por el rayo de Machado.
Sus piernas se enroscaron en las mías
y mordieron el polvo sus sandalias.
No había tiempo para respirar
otro aire que no fuese su veneno.

Sed de mal

Miré los cardenales, los rasguños,
las huellas de los golpes en su rostro.
La vi dormir, drogada, en un rincón
de aquel cuarto con vistas al infierno.
Y a pesar del horror que me inspiraba
aquella escena, de que estaba atado
y no podía hacer nada por ella,
no pude reprimir en mis sentidos
un estremecimiento de deseo.

Mientras llega

QUÉDATE TÚ el amor. Todo el amor.
Con su hoguera apagada por la lluvia
del tiempo. Con su ruido imperceptible
para el resto del mundo. Con su magia
blanca o negra (según). Con aquel roto
amor, desvencijado amor sin muelles,
como un viejo sofá. Siéntate en él
a esperar a la muerte. Mientras llega,
déjate devorar por los recuerdos.

Amor indestructible

No es tan débil tu amor como parece.
Se resquebraja a veces, se cuartea,
pero nunca se rompe. Es un amor
virtual, una apariencia, un espejismo,
un embeleco, una ilusión, el sueño
de una sombra, un delirio, una quimera.
Pero resiste la presión del odio,
y perdona, y olvida, como olvida
y perdona a la noche la mañana.

Nota a esta edición: Coda de variantes

LOS POEMAS AQUÍ RECOGIDOS están llamados a fijar definitivamente *Cuaderno de vacaciones* —o al menos a reflejar lo más fielmente posible la voluntad última de nuestro autor en este momento— a partir del cotejo de las cuatro ediciones como poemario exento desde la *editio princeps* (Madrid, Visor Libros, Colección Palabra de Honor, 2014) —que se ha convertido, como me apuntaba en dedicatoria el propio Luis Alberto de Cuenca, en un libro «extremadamente raro»— y teniendo sobre la mesa las distintas ediciones, obras reunidas y antologías posteriores, cotejadas y comentadas de primera mano con el poeta, tomando como texto base la edición de 2015 publicada en Madrid, Círculo de Lectores.

Este poemario es el primero en no ser incluido —por el momento— en la celebrada recopilación de su poesía completa (*Los mundos y los días*, 2021, 6ªed.), que cierra con los poemas de *El reino blanco* (2010), pero sí que ha aparecido en la suma de su obra poética entre 1996-2012 (*El triunfo de estar vivo,* 2024), que tenemos en consideración.

Hemos desdeñado las compilaciones no cuidadas por el autor y aquellas en las que no ha intervenido directamente, amén de las distintas publicaciones en revistas y pliegos sueltos. Es de sobra conocida la tendencia de Luis Alberto de Cuenca por repartir aquí y allá versiones primigenias, variantes y reelaboraciones de poemas que son incluidos en sus poemarios cerrados. Esto complica y ofrece un gustoso pasatiempo filológico a aquellos que abordan la ardua tarea de cotejo que supone adentrarse en el laberinto textual luisalbertiano. Sin pretensiones de exhaustividad crítica, reflejamos aquí el grueso de las decisiones respecto de la edición y el cotejo.

Omitimos apuntar la dispar colocación del punto final antes o después de comillas, aquí regularizada tras signo, los cambios de cursiva a redonda y viceversa —especialmente la variedad en términos como «Google» o «Lacoste», o la multitud de versiones en la primera estrofa de la «Plegaria de la Diosa», que aquí hemos mantenido en cursiva—, y seguimos el último criterio del autor en no tildar el adverbio 'solo' ni los demostrativos. Tampoco señalaré las variantes en la separación estrófica de algunos poemas, irregular en las ediciones, especialmente en el caso de los sonetos. El poema «Apología a los clásicos» me lo ha dedicado el autor generosamente en esta nueva edición, por lo que no lo consigno como variante.

En este somero aparato usaremos las siguientes abreviaturas:

PC: *Por las calles del tiempo [Antología personal, 1979-2919]*, Sevilla, Renacimiento, 2011.

CV1: *Cuaderno de vacaciones*, Madrid, Visor, 1ª ed., Colección Palabra de Honor, 2014.

CV2: *Cuaderno de vacaciones*, Madrid, Visor, 2ª ed., Colección Visor Poesía, octubre de 2015.

CV3: *Cuaderno de vacaciones*, Madrid, Visor, 3ª ed., Colección Visor Poesía, noviembre de 2015.

CV4: *Cuaderno de vacaciones*, Madrid, Círculo de Lectores, 2015.

AT: *Abre todas las puertas [Antología, 1972-2014]*, *Victoria León (ed.)*, Sevilla, Renacimiento, 2016.

CV5: *Cuaderno de vacaciones*, Madrid, Visor, 4ª edición, Colección Visor Poesía, marzo de 2017.

EV: *El valor y los sueños. Poemas escogidos (1970-2016)*, Rodrigo Olay Valdés (ed.), Madrid, Visor, 2017.

ANT: *Antología*, Luis Miguel Suárez (ed.), Valencia, Calambur, 2019.

100: *100 poemas*, Valencia, Olé Libros, 2020.

SN: *«Su nombre era el de todas las mujeres» y otros poemas de amor y desamor*, Lara Cantizani (ed.), Sevilla, Renacimiento, 6ª ed., noviembre de 2021.

LD: *Los dedos de la Aurora. Poemas del mundo clásico*, Luis Miguel Suárez (selecc.), Victoria León (epíl.), Sevilla, Fundación José Manuel Lara, 2024.

TEV: *El triunfo de estar vivo. (Obra poética 1996-2012)*, Ricardo Virtanen (ed.), Madrid, Cátedra, 2024.

El cotejo de los testimonios nos arroja, así, algunas variantes dignas de reseñar, amén de otras menudencias que apuntaré en las líneas siguientes. Seguiremos los criterios usados en otros títulos de la Biblioteca Luis Alberto de Cuenca de esta misma colección, a saber: se consignan los elementos cotejados —señalando título de poema o sección, dedicatoria o número de verso— antes de un corchete de cierre, seguido de las lecturas divergentes junto con las abreviaturas de los elementos de los que proviene dicha modificación.

«Plegaria de la buena muerte»
v. 37   sé benévolo] sé benigno *CV1 CV2 CV3 CV4 CV5 TEV*

«Desde la caverna»

Título   Desde la caverna] Caverna perpetua *CV1 CV2 CV3 CV4 AT CV5 100 ANT TEV*

«Moisés»

v. 1   hay que cruzar el río] hay que cruzar al río *CV1 EV*

«Mis viajes por el tiempo»

vv. 33-34   a comienzos del / siglo XIX. Lo mío es el pasado] a comienzos del siglo / XIX. Lo mío es el pasado *CV1 CV2 CV3 CV5*

«Apología de los clásicos»

v. 5   de los modelos y los arquetipos] de los modelos y de los arquetipos *CV1 CV2 CV3 CV4 CV5 AT TEV*

«Amós, 5, 21-24»

Título   Amós, 5, 21-24] Amós 5:21-24 *CV1 CV2 CV3 CV4 CV5 AT TEV*

«La otra noche, después de la movida»

Dedicatoria   A la memoria de Fernando González de Canales] A Fernando González de Canales *CV1 CV2 CV3 CV4 CV5 AT TEV*

v. 40   dejase por un rato sus libros y sus cómics] dejase a un lado sus libros y sus tebeos *CV1 CV2 CV3 CV4 CV5*

v. 46   renunciase a probar] dejara de probar] *TEV*

«Caperucita feroz»

v. 5   consume] consuma *CV1 TEV*

«Le jour sort de la nuit comme d'une Victoire»
v. 19   mudado] trocado *CV1 CV2 CV3 CV4 CV5 TEV*

«Diálogo entre el señor y el esclavo»
Dedicatoria   Para Alfonso Lucini y Carmen Serrano de Haro] a
Alfonso Lucini y Carmen Serrano de Haro *AT*

«Recuerdo de Lee Miller»
v. 11   tenía en Prinzregentenstraße] tenía en Berchtesgaden *CV1 TEV*

«Hero y Leandro»
I, v. 23   los primeros poemas] las primeros poemas *CV1*
II, v. 13   tan pálida y tan sexy] tan pálida y tan sexi *LD*

«Eva presente»
v. 2   de la luna soñada] de la Luna soñada *SN*

«Soneto amoroso con estrambote, enmendando la plana a Cecco Angiolieri»
Título   enmendando la plana a Cecco Angiolieri] corrigiendo la
plana a Cecco Angiolieri *SN*

Quizá el cambio más llamativo sea la variante del poema/sección «Desde la caverna». Ya en *Por las calles del tiempo* (Cuenca, 2011b: 248), la antología personal editada por Renacimiento, se recoge como inédito el poema con el título «Desde la caverna», posteriormente convertido en «Caverna perpetua» en la *prínceps* de *Cuaderno* (2014), título que se seguirá en todas las ediciones posteriores hasta la fecha. Sin embargo, en la antología *Abre todas las puertas* (Cuenca, 2016: 180) se recupera el título primigenio. En consulta personal con el autor se ha decidido volver

233

al nombre primitivo para evitar el parentesco con «Cadena perpetua» poema que cierra *El reino blanco* (2010). Además, el final esperanzado del poema de *Cuaderno de vacaciones* quizá se viera truncado por el cier tamente pesimista «perpetua» del título modificado.

Anecdóticamente, el verso «de los modelos y los arquetipos» (v.5) d «Hero y Leandro» fue corregido en una lectura privada del poemario el la Babel luisalbertiana, lo que corrobora el exquisito oído de nuestro auto para pillar a vuelavoz un endecasílabo fuera de metro.

Bibliografía

❖ Álvarez Ramos, Eva (2016), «En la fragua de Luis Alberto de Cuenca: Apuntes para un análisis de "Sobre un endecasílabo de José-Alcalá Zamora"», *Barcarola: revista de creación literaria*, 85, pp. 242-259.

❖ Bagué Quílez, Luis (2018), «"Es solo cine, pero me gusta": el canon cinéfilo en la poesía de Luis Alberto de Cuenca», en Adrián J. Sáez (ed.), *«Las mañanas triunfantes»: Asedios a la poesía de Luis Alberto de Cuenca*, Sevilla, Renacimiento, pp. 25-47.

❖ Bampi, Massimiliano y Adrián J. Sáez (2023), «Luis Alberto de Cuenca el Bárbaro: mitos, sagas y tradición germánica», *Neophilologus*, 107.2, pp. 279-299.

❖ Calbarro, Juan Luis (1994), «Luis Alberto de Cuenca. La poesía como arma de diálogo», *Los cuadernos de Sornabique*, Salamanca, p. 4.

❖ Cantizani, Lara (2021), «Prólogo» a Luis Alberto de Cuenca, *«Su nombre era el de todas las mujeres» y otros poemas de amor y desamor*, Sevilla, Renacimiento.

❖ Cuenca, Luis Alberto de (ed.) (1975), *Floresta española de varia caballería: Raimundo Lulio, Alfonso X, Don Juan Manuel*, Carlos García Gual (pról.), Madrid, Editora Nacional.

⸭ (1976), *Necesidad del mito*, Madrid, Planeta.

⸭ (1980), «Las lolas negras», en *Marginalia*, Madrid, Francisco Arellano Editor, pp. 53-64.

⸭ (1988), «Diálogo del pesimismo», *ABC*, 10/III/1988, p. 3.

⸭ (1990), *Poesía (1970-1989)*, Sevilla, Renacimiento.

⸭ (1991), *El héroe y sus máscaras*, Madrid, Mondadori.

⸭ (1993), *Etcétera*, Sevilla, Renacimiento.

⸭ (1996a), *Álbum de lecturas (1990-1995)*, Madrid, Huerga y Fierro.

⸭ (1996b), «Literatura y claridad», *ABC*, 12/II/1996, p. 18.

⸭ (1997), «Caperucita feroz», *ABC*, 21/XI/1997, p. 22.

⸭ (1999), *Señales de humo*, Valencia, Pre-Textos.

⸭ (2007), «1969. Con Rita Macau», en F. G. Ledesma et al., «Qué verano el de aquel año», *El Ciervo*, 676-677, pp. 12-17.

⸭ (2010a), *La mujer y el vampiro*, José Gutiérrez (ed.), Manuel Alcorro (ilust.), Madrid, Rey Lear.

⸭ (2010b), «Tres poemas magrebíes», *Nueva Revista*, 13, pp. 6-7.

⸭ (2011a), *Libros contra el aburrimiento*, Luis Miguel Suárez Martínez (ed.), Madrid, Reino de Cordelia.

⸭ (2011b), *Por las calles del tiempo [Antología personal, 1979-2919]*, Sevilla, Renacimiento.

❖ (2012), *Palabras con alas*, Sevilla, Isla de Siltolá.

❖ (2013a), «La alegre brisa de la literatura», *Litoral. Luis Alberto de Cuenca. De Ulises a Tintín*, 255, pp. 9-17.

❖ (2013b), «El falsificador de moneda y otros poemas»», *Litoral. Luis Alberto de Cuenca. De Ulises a Tintín*, 255, pp. 3-13.

❖ (2014a), *Cuaderno de vacaciones*, Madrid, Visor, 1ª ed. [colección Palabra de Honor].

❖ (2014b), «Caverna perpetua», *Tropelías. Revista de Teoría de la Literatura y Literatura Comparada*, 21, p. 119.

❖ (2015a), *Los retratos*, Luis Miguel Suárez Martínez (ed.), Madrid, Reino de Cordelia.

❖ (2015b), *Cuaderno de vacaciones*, Madrid, Visor, 2ª ed.

❖ (2015c), *Cuaderno de vacaciones*, Madrid, Visor, 3ª ed.

❖ (2015d), *Cuaderno de vacaciones*, Madrid, Círculo de Lectores.

❖ (2016), *Abre todas las puertas. Antología (1972-2014)*, Victoria León (ed.), Sevilla, Renacimiento.

❖ (2017a), *Elsinore. Scholia. Necrofilia (1972-2021)*, Jesús Ponce Cárdenas (ed.), Madrid, Reino de Cordelia.

❖ (2017b), *Cuaderno de vacaciones*, Madrid, Visor, 4ª ed.

❖ (2018a), *Bloc de otoño*, Madrid, Visor.

❖ (2018b), «Jornadas de Otoño de la Fundación Ricardo Delgado Vizcaíno: Luis Alberto de Cuenca y Jon Juaristi», *Canal 54 Pozoblanco*. En línea: https://www.youtube.com/watch?v=GAQibQjWLUE [consulta: 20/XII/2024].

✢ (2019a), *Canciones completas (1980-2008)*, Carlos Iglesias Díez (ed.), Madrid, Reino de Cordelia.

✢ (2019b), *Antología*, Valencia, Calambur.

✢ (2020a), *Sobre mi poesía*, Rodrigo Olay Valdés y Pablo Núñez Díaz (eds.), Jerez de la Frontera, Libros Canto y Cuento.

✢ (2020b), *El otro sueño*, Julio Vélez (ed.), Madrid, Reino de Cordelia.

✢ (2020c), *El hacha y la rosa*, Adrián J. Sáez (ed.), Madrid, Reino de Cordelia.

✢ (2020d), *La rama de oro*, Sevilla, Renacimiento.

✢ (2020e), *Palabras que son vida*, Barcelona, Plataforma Editorial.

✢ (2020f), *100 poemas*, Valencia, Olé Libros.

✢ (2021a), *Por fuertes y fronteras*, Rodrigo Olay Valdés (ed.), Madrid, Reino de Cordelia.

✢ (2021b), *Sin miedo ni esperanza*, Antonio Sánchez Jiménez, ed.Madrid, Reino de Cordelia.

✢ (2021c), *Después del paraíso*, Madrid, Visor.

✢ (2021d), *Haikus completos (1972-2021)*, Madrid, Los libros del Mississippi, 2ª ed. corregida y ampliada.

✢ (2021e), *De la Biblia a Borges*, Granada, Mirto Academia.

✢ (2021f), *«Su nombre era el de todas las mujeres» y otros poemas de amor y desamor*, Lara Cantizani (ed.), Sevilla, Renacimiento.

✢ (2021g), «Prólogo» al *Cantar de Valtario*, Luis Alberto de Cuenca (ed. y trad.), Miguel Ángel Elvira (ilust.), Madrid, Reino de Cordelia, pp. 9-12.

❖ (2021h), *Los mundos y los días (Poesía. 1970-2009)*, Madrid, Visor.

❖ (2022), «Nota del editor», en Federico García Lorca, *Sonetos del amor oscuro*, Madrid, Reino de Cordelia, pp. 11-13.

❖ (2023a), *La vida en llamas*, Daniel Fernández Rodríguez y Clara Monzó (eds.), Madrid, Reino de Cordelia.

❖ (2023b), *El secreto del Mago*, Madrid, Visor.

❖ (2024a), *El reino blanco*, Pablo Núñez (ed.), Madrid, Reino de Cordelia.

❖ (2024b), *El triunfo de estar vivo (Obra poética 1996-2012)*, Ricardo Virtanen (ed.), Madrid, Cátedra.

❖ (2024c), *Poemas para Rita*, Málaga, El toro celeste.

❖ (2024d), *Bébetela. 50 poemas de amor y erotismo*, Adrián J. Sáez (ed. y pról.), Palencia, Menoscuarto ediciones.

❖ Díez de Revenga, Francisco Javier (2018), «Luis Alberto de Cuenca: la poesía y la historia», en Adrián J. Sáez (ed.), *«Las mañanas triunfantes»: Asedios a la poesía de Luis Alberto de Cuenca*, Sevilla, Renacimiento, pp. 48-66.

❖ Egido, Jesús y Miguel Ángel Martín (2016), «Prólogo a esta segunda edición», en Luis Alberto de Cuenca, *Hola, mi amor, yo soy el Lobo y otros poemas de romanticismo feroz*, Ilustraciones de Miguel Ángel Martín, Madrid, Reino de Cordelia, pp. 19-22.

❖ Fallo del Jurado del Premio Nacional de Poesía (2015), Ministerio de Cultura y Deporte del Gobierno de España. En línea https://www.la

moncloa.gob.es/serviciosdeprensa/notasprensa/mecd/Paginas/2015/28
0915premiopoesia2015.aspx [consulta: 20/XII/2024].

❖ Fernández, Daniel y Clara Monzó (2023), «"Donde comienza el mundo":
La vida en llamas de Luis Alberto de Cuenca», en Luis Alberto de
Cuenca, *La vida en llamas*, Madrid, Reino de Cordelia, pp. 11-28.

❖ Garci, José Luis (2013), «*Kinéphilo* y pop», *Litoral. Luis Alberto de
Cuenca. De Ulises a Tintín*, 255, pp. 95-97.

❖ Giménez, Facundo (2022), *La línea clara. La poesía de Luis Alberto de
Cuenca*, Sevilla, Renacimiento.

❖ Lanz, Juan José (2006), «Introducción», en Luis Alberto de Cuenca,
Poesía: 1979-1996, Madrid, Cátedra, pp. 11-141.

⋰ (2011), «Mito, cultura y tradición clásica en la poesía de Luis Alberto
de Cuenca», en Almudena del Olmo Iturriarte y F. Díaz de Castro
(eds.), *Versos robados. Tradición clásica e intertextualidad en la lírica
posmoderna peninsular*, Sevilla, Renacimiento, pp. 115-147.

⋰ (2018), «Traducción y variación: estrategias de intertextualidad en
Luis Alberto de Cuenca», en Adrián J. Sáez (ed.), «*Las mañanas
triunfantes»: Asedios a la poesía de Luis Alberto de Cuenca*, Sevilla,
Renacimiento, pp. 67-103.

⋰ (2019a), «Contexto, texto e intertexto en *Cuaderno de vacaciones*
(2014)», en Javier Letrán e Isabel Torres (eds.), *Studies on Spanish
Poetry in Honour of Trevor J. Dadson: Entre los Siglos de Oro y el
siglo* XXI, Woodbridge, Tamesis, pp. 171-194.

❖❖ (2019b), «De la saturación culturalista a la ironía intertextual: título, texto y transtextualidad en la poesía de Luis Alberto de Cuenca», en Adrián J. Sáez y Antonio Sánchez Jiménez (eds.), *Haré un poema de la pura nada. La intertextualidad en la poesía de Luis Alberto de Cuenca*, Adrián J. Sáez y Antonio Sánchez Jiménez (eds.), Sevilla, Renacimiento, pp. 29-107.

❖ León, Victoria (2016), «Introducción» a Luis Alberto de Cuenca, *Abre todas las puertas. Antología (1972-2014)*, Sevilla, Renacimiento, pp. 7-43.

❖❖ (2018), «Prólogo» a Luis Alberto de Cuenca, *La caja de plata*, Madrid, Reino de Cordelia, pp. 11-32.

❖❖ (2024), «Epílogo» a Luis Alberto de Cuenca, *Los dedos de la Aurora. Poemas del mundo clásico*, Sevilla, Fundación José Manuel Lara.

❖ Letrán, Javier (2005), *La poesía posmoderna de Luis Alberto de Cuenca*, Sevilla, Renacimiento.

❖❖ (2008), «Introducción» a Luis Alberto de Cuenca, *Antología poética*, Madrid, Castalia, pp. 15-57.

❖ Logroño Carrascosa, Isabel (2018), «"Trenzas de violeta": Safo en la poesía de Luis Alberto de Cuenca», en Adrián J. Sáez (ed.), *«Las mañanas triunfantes»: Asedios a la poesía de Luis Alberto de Cuenca*, Sevilla, Renacimiento, pp. 128-146.

❖ Magro, Marika (2024), *«Mi vida es un libro escrito por mujeres». La figura femenina en la poesía de Luis Alberto de Cuenca*, Sevilla, Renacimiento.

❖ Martínez Mesanza, Julio (1990), «Prólogo» a Luis Alberto de Cuenca, *Poesía (1970-1989)*, Sevilla, Renacimiento, pp. 7-9.

❖ Martínez, Xaime (2018), «Las dos lunas de Barsoom: la poesía de ciencia ficción de Luis Alberto de Cuenca», en Adrián J. Sáez (ed.), *«Las mañanas triunfantes»: Asedios a la poesía de Luis Alberto de Cuenca*, Sevilla, Renacimiento, pp. 147-168.

❖ Morante, José Luis (2003), *Palabras adentro (23 entrevistas literarias)*, Lucena, Ayuntamiento de Lucena.

❖ Núñez Díaz, Pablo (2018), «La Biblia en la poesía de Luis Alberto de Cuenca», en *«Las mañanas triunfantes»: Asedios a la poesía de Luis Alberto de Cuenca*, Adrián J. Sáez (ed.), Sevilla, Renacimiento, pp. 187-236.

❖ Olay Valdés, Rodrigo (2017), «"Volveremos a vernos". Una lectura de la poesía de Luis Alberto de Cuenca», en Luis Alberto de Cuenca, *El valor y los sueños. Poemas escogidos (1970-2016)*, Madrid, Verbum, pp. 15-35.

❖ (2019), «Luis Alberto de Cuenca, de la prosa a la poesía: la "traducción" a poema de doce artículos de *ABC*», en Adrián J. Sáez y Antonio Sánchez Jiménez (eds.), *Haré un poema de la pura nada. La intertextualidad en la poesía de Luis Alberto de Cuenca*, Sevilla, Renacimiento, pp. 532-572.

❖ (2021), «Introducción. "De tanto amarte y tanto no quererte": los fuertes y las fronteras de Luis Alberto de Cuenca», en Luis Alberto de Cuenca, *Por fuertes y fronteras*, Madrid, Reino de Cordelia, pp. 13-85.

❖ Ortega, Javier (2015), «Luis Alberto de Cuenca: Hay que mezclar a Homero con Spiderman», *Dialogados*, 15/VI. En línea: http://dialogados.com/entrevista-luis-alberto-de-cuenca-cultura-filologia-poesia-homero-spiderman/ [consulta: 2/X/2024]

❖ Peña Rodríguez, Francisco José (2009), «Rita Macau, una musa para Luis Alberto de Cuenca», *Otro lunes*, 8. En línea: http://otrolunes.com/archivos/08/html/unos-escriben/unos-escriben-n08-a17-p01-2009.html [consulta: 1/XII/2024].

⋯ (2016), «Rita Macau en la poesía de Luis Alberto de Cuenca», *Ínsula: Revista de Letras y Ciencias Humanas*, 834, pp: 16-19.

❖ Ponce Cárdenas, Jesús (2017), «Tríptico de tinieblas» en Luis Alberto de Cuenca, *Elsinore. Scholia. Necrofilia (1972-1983)*, J. Ponce Cárdenas (ed.), Madrid, Reino de Cordelia, 2017.

❖ Prieto, Antonio (ed.) (1971), *Espejo del amor y de la muerte: antología de poesía española última*, Almería, Azur.

❖ Rey Hazas, Antonio (2013), «Poesía y mujeres: Lope de Vega y Luis Alberto de Cuenca», *Litoral. Luis Alberto de Cuenca. De Ulises a Tintín*, 255, pp. 118-123.

❖ Rodríguez Marcos, Javier (2015), «Soy un poeta de línea clara que se está volviendo oscuro», *El País*, (29/IX). En línea: http://cultura.elpais.com/cultura/2015/09/28/actualidad/1443440674_903120.html [consulta: 20/XII/2024].

❖ Sáez, Adrián J. (2018a), «*A poet for all seasons*: Las "mañanas triunfantes" de Luis Alberto de Cuenca», en Adrián J. Sáez (ed.), «*Las mañanas *triunfantes»: Asedios a la poesía de Luis Alberto de Cuenca*, Sevilla, Renacimiento, pp. 7-24.

❖ (2018b), «Afinidades electivas: Jorge Luis Borges y Luis Alberto de Cuenca», en Jacobo Llamas Martínez (coord.), *«En el centro de Europa están conspirando»: Homenaje a Jorge Luis Borges*, Torino, Università degli Studi di Torino, pp. 101-120.

❖ (2018c), «"Conmigo vais y moriréis conmigo": la pintura y otras artes en la poesía de Luis Alberto de Cuenca», en Adrián J. Sáez (ed.), *«Las mañanas triunfantes»: asedios a la poesía de Luis Alberto de Cuenca*, Sevilla, Renacimiento, pp. 264-296.

❖ (2019a), «Si fuese Luis Alberto de Cuenca, que lo soy»: la reescritura de Cecco Angioleri», en Adrián J. Sáez y Antonio Sánchez Jiménez (eds.), *Haré un poema de la pura nada. La intertextualidad en la poesía de Luis Alberto de Cuenca*, Sevilla, Renacimiento, pp. 230-246.

❖ (2019b), «"¡Ah, de mí mismo!"»: Quevedo en la poesía de Luis Alberto de Cuenca», *en* M. Á. Candelas Colodrón y F. Gherardi (eds.), *Amor constante: Quevedo más allá de la* muerte, Barcelona, Universitat Autònoma de Barcelona, pp. 259-270.

❖ (2020a), «Introducción: La nueva épica de Luis Alberto de Cuenca», en Luis Alberto de Cuenca, *El hacha.y la rosa*, Madrid, Reino de Cordelia, pp. 13-86.

❖ (2020b), «"No quiero seguir vivo en este mundo": el suicidio en la poesía de Luis Alberto de Cuenca», *Boletín de la Real Academia Española*, 100.321, pp. 253-272.

❖ (2020c), «"Quién sabe dónde está": la religión en la poesía de Luis Alberto de Cuenca», *Bulletin of Spanish Studies*, 97.8, pp. 1349-1362.

❖ (2022), «"El triunfo de estar vivos": el ciclo *de senectute* de Luis Alberto de Cuenca», *Archiletras científica*, 7, 2022, pp. 49-68.

❖ (2023), «"Te vi, te vi, te vi": la fotografía en la poesía de Luis Alberto de Cuenca», *Cuadernos AISPI: Estudios de lenguas y literaturas hispánicas*, 21.1, pp. 262-279.

❖ (2024a), «Rita Macau: recuerdos de la amada muerta», en Luis Alberto de Cuenca, *Poemas para Rita*, Málaga, El toro celeste, pp. 9-27.

❖ (2024b), «"Voy a empezar contigo": Introducción» a Luis Alberto de Cuenca, *Bébetela. 50 poemas de amor y erotismo*, Palencia, Menoscuarto ediciones, pp. 7-28.

❖ Sánchez Jiménez, Antonio (2018), «Poesía familiar: Lope y Luis Alberto de Cuenca» en Adrián J. Sáez (ed.), *«Las mañanas triunfantes»: Asedios a la poesía de Luis Alberto de Cuenca*, Sevilla, Renacimiento, pp. 297-322.

❖ (2021), «Introducción» a Luis Alberto de Cuenca, *Sin miedo ni esperanza*, Madrid, Reino de Cordelia, pp. 11-90.

❖ Suárez Martínez, Luis Miguel (2010), *La tradición clásica en la poesía de Luis Alberto de Cuenca*, Vigo, Academia del Hispanismo.

❖ (2015a), «Prólogo» a Luis Alberto de Cuenca, *Los retratos*, Madrid, Reino de Cordelia, pp. 9-15.

❖ (2015b), «Prólogo» a Luis Alberto de Cuenca, *Antología*, Valencia, Calambur, pp. 7-12.

❖ (2017), «La tradición clásica en *Cuaderno de vacaciones* de Luis Alberto de Cuenca», *Minerva. Revista de Filología Clásica*, 30, pp. 341-364.

❖ (2019), «El laberinto textual de *Elsinore* (1972-2017)», en Adrián J. Sáez y Antonio Sánchez Jiménez (eds.), *Haré un poema de la pura nada. La intertextualidad en la poesía de Luis Alberto de Cuenca*, Sevilla, Renacimiento, pp. 323-346.

❖ Taján, Alfredo (2013), «La Biblioteca del Universo. Entrevista a Luis Alberto de Cuenca», *Litoral. Luis Alberto de Cuenca. De Ulises a Tintín*, 255, pp. 26-30.

❖ Vélez-Sainz, Julio, «"La que viene de lejos para velar tu sueño", una poética de la ensoñación», en Luis Alberto de Cuenca, 2020, *El otro sueño*, Madrid, Reino de Cordelia, pp. 11-41.

❖ Virtanen, Ricardo (2021), «El arte del *haiku* en Luis Alberto de Cuenca» en Luis Alberto de Cuenca, *Haikus completos (1972-2021)*, 2ª ed. corregida y ampliada, Madrid, Los libros del Mississippi, pp. 7-16.

❖ (2024), «Introducción» a Luis Alberto de Cuenca, *El triunfo de estar vivo (Obra poética 1996-2012)*, Madrid, Cátedra, pp. 13-162.

Esta primera edición en
LOS VERSOS DE CORDELIA de
CUADERNO DE VACACIONES,
número 100 de
los VERSOS DE CORDELIA
se acabó de imprimir
en la primavera de 2025

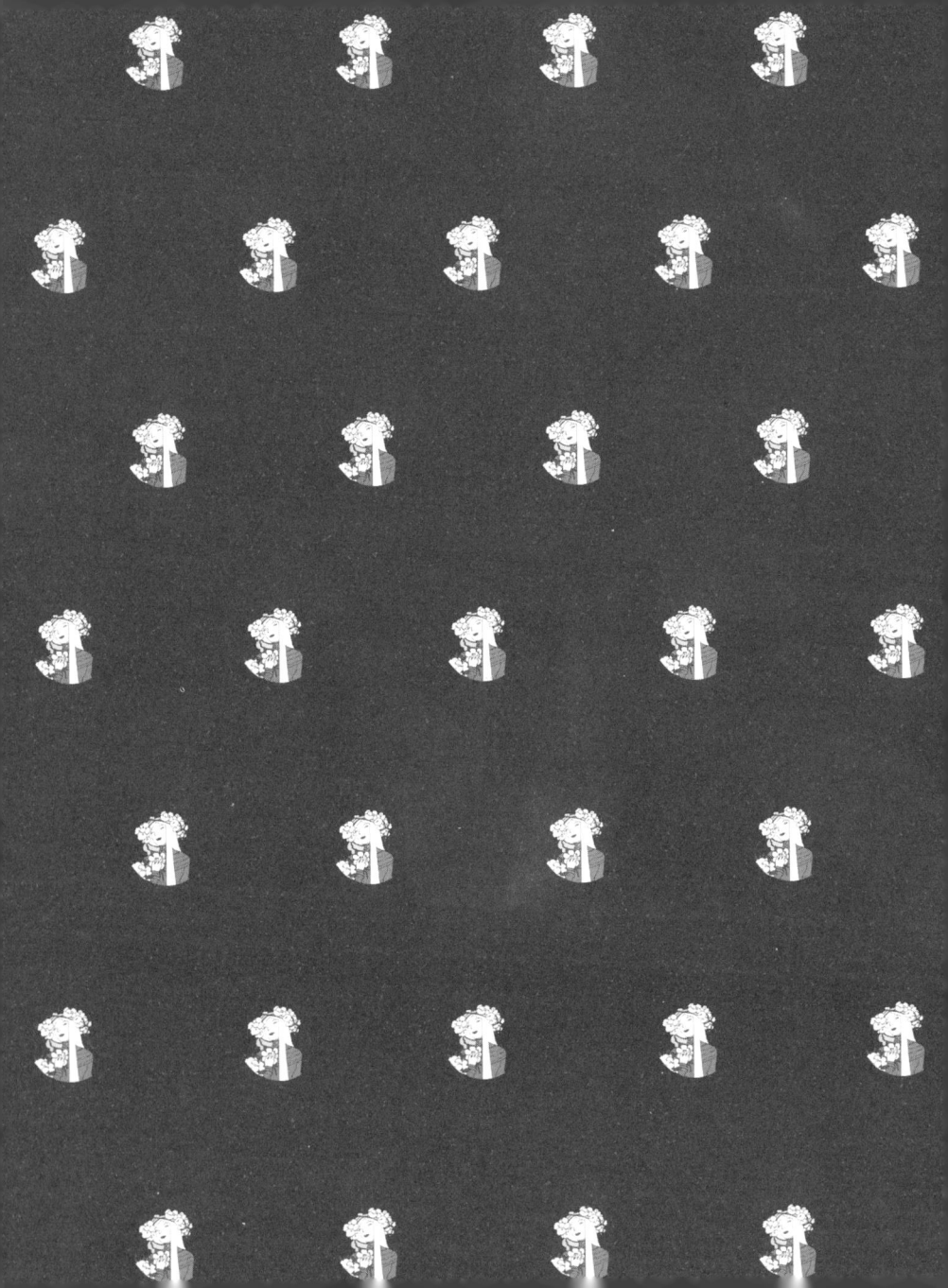